ACTE II, SCÈNE II.

L'HONNEUR DE MA MÈRE,

DRAME EN TROIS ACTES,

Par MM. Boulé et Hip. Rimbaut,

REPRÉSENTÉ POUR LA PREMIÈRE FOIS SUR LE THÉATRE DE L'AMBIGU-COMIQUE, LE 6 MAI 1837.

PERSONNAGES.	ACTEURS.	PERSONNAGES.	ACTEURS.
DIDIER, négociant.	M. SAINT-ERNEST.	VERDIER, maître d'hôtel.	M. MONNET.
JULES LAGRANGE, neveu de Didier.	M. ALBERT.	SOPHIE, femme de Didier.	Mme GAUTHIER-BOUFFÉ.
Eugène DARCOURT, cousin de Sophie.	M. DELAISTRE.	LAURE, fille de Didier et de Sophie.	Mlle ISABELLE.
MICHEL, vieux domestique.	M. CULLIER	UNE FEMME DE CHAMBRE.	Mlle ADÈLE.
		QUATRE TÉMOINS. FOURNISSEURS, DOMESTIQUES.	

Le premier et le second acte se passent à Rouen, chez Didier; le troisième se passe à Paris, dans l'hôtel tenu par Verdier.

ACTE PREMIER.

Le théâtre représente un salon élégant; à droite, au second plan, une fenêtre donnant sur le jardin. Porte au fond. Portes latérales, conduisant, celle de droite à la chambre de Sophie, celle de gauche à la chambre de Laure.

SCÈNE PREMIÈRE.

UN DOMESTIQUE, MICHEL, *puis* UNE LINGÈRE, UN BIJOUTIER.

LE DOMESTIQUE, *entrant, à Michel.* Monsieur Michel?

MICHEL, *pensif.* Qu'y a-t-il?

LE DOMESTIQUE. On demande M. Jules Lagrange... mais, comme c'est pour les cadeaux de noce, j'ai pensé qu'il ne fallait pas l'avertir en présence de Mlle Laure.. pour la chose de la surprise.... et tandis que tout le monde est encore à table, j'ai amené les fournisseurs par ici.

MICHEL. C'est bien... qu'ils entrent.

Sur un signe du domestique une lingère et un bijoutier paraissent.

LE DOMESTIQUE. Il n'y a qu'à déposer tout cela dans ce salon...

MICHEL. Ou plutôt dans la chambre de mademoiselle.

La lingère et le bijoutier suivent le domestique dans la chambre à gauche, que leur a indiquée Michel.

Jusqu'au dernier moment, j'avais espéré qu'un obstacle naîtrait de lui-même à ce mariage.... mais non! et sans moi, sans la résolution que j'ai prise...

La lingère et le bijoutier, les mains vides, reparaissent avec le domestique ; ils traversent la scène, et se retirent par le fond.

LE DOMESTIQUE, *à Michel.* Dites donc, monsieur Michel, est-ce que vous n'allez pas voir un peu l'écrin? Le bijoutier me l'a montré, à moi..... c'est du soigné, je m'en vante...

MICHEL. Cela ne m'intéresse pas plus que cela ne vous regarde.

LE DOMESTIQUE, *à part.* Qu'est-ce qu'il a donc, le vieux Michel? il n'a pas l'air content... Ah! c'est l'âge qui lui aigrit le caractère.

Il sort par le fond.

SCENE II.
MICHEL, *seul.*

Oui, c'était pour ma conscience un poids trop lourd que ce secret affreux. Je le sentais là comme un remords!... et pourtant, plus l'instant approche où je dois parler, plus je sens mon courage près de faillir... Oh! l'arrivée de ce Darcourt dans la maison fut pour moi un présage de malheur. Et je ne m'étais pas trompé sur son compte.... capable de tout pour s'enrichir ; je l'avais bien deviné. Oui!.. car cette séduction n'a pas même l'amour pour excuse... c'est le calcul d'un homme qui a dévoré sa fortune... pas autre chose!... et voilà ce qu'il faut que j'apprenne aujourd'hui à M. Didier... Que de bonheur un seul mot va briser à la fois !.... Pour mes bons maîtres, pour cet excellent M. Jules, plus de repos après ma confidence..... N'importe ; et, quoique, au premier moment, ému par des prières et des larmes, j'aie promis de me taire, Dieu me donnera la force de manquer à cette promesse et de rompre un silence que je ne saurais prolonger sans crime !... Ah ! Mlle Laure !.... Mlle Laure !...

Laure entre par le fond.

SCENE III.
MICHEL, LAURE.

MICHEL, *à part.* La voici!

LAURE. C'est toi, Michel? tu n'as pas oublié que c'est ici que nous allons prendre ce soir le café ?

MICHEL, *avec intention.* Le vieux Michel a l'habitude de ne rien oublier, mademoiselle.

LAURE. Je sais que l'on peut compter sur toi... Ma mère est un peu souffrante, Michel.

MICHEL. Pauvre dame !

LAURE. C'est pour cela qu'on va se réunir dans ce petit salon voisin de son appartement.

MICHEL. Et du vôtre... Là, votre chambre, en face de la sienne... et quand je pense...

LAURE, *d'un ton de reproche.* Encor !

MICHEL. Oh! toujours!... (*Après un instant de silence.*) Et... votre mariage ?

LAURE. Le jour en est fixé.

MICHEL. Et il n'y aura pas de retard ?

LAURE. Je l'espère, du moins.

MICHEL. Et vous épousez M. Lagrange ?

LAURE. N'est-ce pas lui que j'aime ?

MICHEL. Votre cousin ?

LAURE. Lui seul... je le jure.

MICHEL, *à part.* Lui seul !

SCENE IV.

LES MÊMES, DIDIER, JULES, DARCOURT, SOPHIE, UN DOMESTIQUE.

Le domestique dépose sur la table les tasses et le café, puis il sort.

DIDIER, *entrant, à Jules.* Quand je te disais que nous la retrouverions !..... (*A Laure.*) Te voilà, mon enfant, c'est très-bien; mais une autre fois ne nous quitte pas ainsi !.. c'est trop inquiétant... Sais-tu que Jules te croyait perdue ?

LAURE. Je vous avais précédés ici de quelques instans, pour veiller à ce que tout fût prêt ; mais Michel avait rendu ce soin inutile.

DIDIER, *bas à Michel.* Ah! je t'avais promis audience, à toi... Eh bien! après le café, reviens; je t'attendrai..... nous causerons... A présent, laisse-nous.

SCENE V.

LES MÊMES, *excepté* MICHEL.

DIDIER. J'espère, Jules, que tu es rassuré.

JULES. Mon oncle est un impitoyable railleur. (*Tout le monde s'asseoit.*) Il sait cependant bien que ce n'est point tout-à-fait sans motif que je me suis inquiété... ce n'est pas la première fois que je remarque à ma chère Laure un air souffrant et chagrin.

SOPHIE. En effet.

LAURE. Moi, chagrine ! oh ! non.... à moins que le bonheur n'attriste.

DIDIER. Voilà comme sont les jeunes filles ! il y a toujours des regrets mêlés à leurs désirs les plus chers....

JULES. Des regrets !...

DIDIER. J'aurais parié que ce mot allait choquer monsieur l'amoureux; eh! oui, des regrets ! on ne renonce gaîment à aucun titre... pas même à celui de demoiselle... ce Jules est d'une exigence...

JULES. N'avez-vous donc pas aimé dans votre temps ?

DIDIER, *gaîment.* Dans mon temps, monsieur ! mais j'aime encore, avec votre permission. (*A Darcourt.*) Comment le trouvez-vous? il oublie ce que vaut la mère de cette petite fille-là... il ne me connaissait qu'un trésor ; j'en ai deux, et je lui en donne un; à lui, la fille, la mère me reste... Quant à vous, mon cher Darcourt, j'ai songé à faire aussi votre part.

DARCOURT. A moi, monsieur ?

DIDIER. Sans doute ; n'êtes-vous point parent de Sophie? cela suffirait pour vous donner des droits à ma sollicitude, à mon amitié, si, depuis quelques mois que vous vous êtes enfin décidé à venir à Rouen vous fixer parmi nous, je n'avais, en outre, été à même de reconnaître en vous une assez rare intelligence des affaires : j'ai donc pensé que vous aviez le temps encore de réparer la brèche faite à votre fortune dans les premières années de votre jeunesse.

DARCOURT. Eh ! mais, ma fortune est plus qu'ébréchée... c'est un édifice, non pas à réparer, mais à reconstruire entièrement, et depuis la première pierre.

DIDIER. Oh ! je sais des vôtres... et peut-être auriez-vous dû abandonner plus tôt Paris et ses plaisirs un peu coûteux... mais à tout péché miséricorde... et pourvu que vous soyez disposé à vous aider aussi vous-même...

DARCOURT. Quant à cela, je me sens les meilleures dispositions, je m'aiderai moi-même, comme vous dites.... (*à part*) et par tous les moyens.

DIDIER. Vous n'aurez qu'à seconder mes intentions ; avec du travail et de l'activité, il vous sera facile de maintenir dans un état prospère ma maison de commerce, où je vous propose enfin de me succéder.

DARCOURT. Il serait possible !... mais contracter envers vous tant d'obligations !

DIDIER. Entre gens d'honneur, monsieur Eugène, les obligations sont douces de part et d'autre : la reconnaissance vaut le bienfait, demandez à Jules, qui est mon bienfaiteur, lui !

JULES, *regardant Laure.* Mon oncle ! n'est-ce pas vous qui êtes le mien à présent ?

DIDIER. Et pourtant, lorsque, menacé de ruine certaine par une crise politique, où tant d'intérêts pouvaient être compromis, j'acceptai le secours qu'il m'offrait si généreusement, Dieu seul savait si je serais en mesure de m'acquitter un jour ! mais je sentais là, dans mon cœur, assez de tendresse pour le payer de son désintéressement, et j'étais bien sûr que Sophie et Laure se prendraient à l'aimer aussi, et se porteraient cautions de ma dette.

SOPHIE, *à Laure.* Oui; n'est-ce pas, mon enfant ?

On se lève.

DIDIER. Grâce au ciel, j'ai non seulement évité le déshonneur d'une faillite ; mais encore mes affaires ont réussi au-delà de toute espérance : ma maison est peut-être la meilleure et la plus importante de Rouen : Jules et moi, nous sommes riches enfin... assez riches pour laisser la place à un autre, afin qu'il s'enrichisse à son tour... et cet autre, Eugène, ce sera vous, si cela vous arrange.

DARCOURT. Tant de bonté me confond et me touche ; mais permettez-moi de ne pas répondre à votre appel bienveillant sans avoir mûrement réfléchi, la vie que j'ai menée jusqu'à présent est si éloignée de celle qu'il faudrait commencer.

DIDIER. Seriez-vous arrêté par le défaut d'expérience? je vous opposerais encore mon exemple, mon cher ami. Lorsqu'il y a vingt ans, je mis bas l'uniforme, et qu'après avoir servi mon pays comme soldat, je résolus de le servir comme industriel, quelle connaissance avais-je des affaires, s'il vous plaît ? Aucune... Allons, acceptez sans honte les conseils d'un vieillard, et profitez sans scrupule d'une offre semblable à celle dont il a lui-même profité.

Il donne à Darcourt une poignée de main.

DARCOURT. Merci, monsieur ! Mais, en vérité, c'est trop s'occuper de moi. J'en demande pardon à ces dames...

LAURE. Si maman se trouvait assez forte, nous ferions un tour au jardin.

DARCOURT. Ma cousine n'a-t-elle pas, pour s'appuyer, le bras de Jules, ou le mien ?

JULES, *à Laure*. On m'a tout-à-l'heure appris qu'il y avait dans votre chambre quelques étoffes, quelques bijoux qui vous sont destinés... n'y jetterez-vous pas un coup-d'œil ?

LAURE. Volontiers ; mais allez toujours, vous m'attendriez sans doute trop long-temps.

Elle sort par la porte à gauche.

SOPHIE, *à Didier*. Venez-vous, mon ami ?

DIDIER. Non. J'ai à donner quelques ordres à Michel, je l'attends... et, tenez, le voici.

Michel entre par le fond.

SOPHIE, *à Jules*. Allons.... Jules, votre bras.

DIDIER. Je vous rejoindrai.

Sortent Jules, Sophie, Darcourt. On enlève le café, et l'on apporte des flambeaux.

SCENE VI.

DIDIER, MICHEL.

DIDIER. Sais-tu, mon vieux Michel, que tu as mis à me demander cet entretien un air important et solennel qui m'a d'abord inquiété ? Hâte-toi donc de me tranquilliser, parle... Nous sommes seuls, ainsi que tu le désirais.

MICHEL. Ah ! monsieur, il faut que je vous sois bien attaché, et que je prenne bien à cœur ce qui a rapport à votre famille pour vous confier un secret que j'ai découvert... bien malgré moi, je vous en réponds.

DIDIER. Un secret, bon Dieu !... Voilà que la frayeur me reprend.

MICHEL. Ce n'est pas à tort, monsieur ; et si je n'avais pas vieilli dans cette maison, si je ne regardais pas comme un devoir pour moi de vous témoigner mon dévouement jusqu'à mon dernier jour, je me serais tû... mais pour ça, monsieur, je vous aime trop, j'aime trop madame, et même aussi mademoiselle... et la preuve, c'est que je viens détruire à tous votre bonheur.

DIDIER. C'est donc bien sérieux, Michel ?

MICHEL. Plus que vous ne sauriez imaginer.

DIDIER. Enfin ?

MICHEL. Enfin...

DIDIER. J'écoute.

MICHEL. Je viens mettre opposition au mariage de M. Lagrange avec mademoiselle Laure.

DIDIER, *froidement*. Toi ?

MICHEL. Il le faut bien... puisque nul autre ne s'en charge, et que cette union ne saurait avoir lieu.

DIDIER. Et que peux-tu avoir appris contre Jules ? Quels torts, s'il en eut jamais, ne seraient pas effacés par sa noble conduite à mon égard ?... Michel ! Michel ! es-tu bien certain de ce que tu vas dire ? n'accuse pas à la légère celui que je regarde encore comme l'homme le plus généreux, le plus digne de l'amour de ma fille.

MICHEL. L'accuser, lui !

DIDIER, *vivement*. Qui donc ?

MICHEL. Ce n'est pas elle non plus, au moins !. ce n'est pas mademoiselle qui est coupable.

DIDIER. Laure !

MICHEL. L'enfant que j'ai vue naître, que j'ai portée dans mes bras... ma petite Laure... ce n'est pas elle que j'accuse !... Elle aura été entraînée, subjuguée.... et maintenant elle n'ose plus avouer...

DIDIER. Elle n'ose plus avouer ?...

MICHEL. Qu'elle n'est pas libre d'épouser son cousin.

DIDIER, *douloureusement*. Michel, qu'as-tu dit ?.. (*D'un ton sévère.*) Répéteriez-vous ce que vous venez de dire ?

MICHEL. Oui, monsieur, car c'est la vérité.

DIDIER. Je ne te crois pas... je ne veux pas te croire... non que tu cherches à me tromper, mais tu te trompes toi-même.

MICHEL. Hélas !

DIDIER. Mais enfin explique-toi !

MICHEL. Déjà plusieurs fois, une heure environ après que chacun s'était retiré dans son appartement, il m'avait semblé saisir comme un bruit de pas dans le jardin... Je voulus m'assurer de ce qui se passait. Une nuit donc, je me plaçai en observation derrière la haie qui borde la grande allée; j'étais en face de cette fenêtre.

DIDIER. De cette fenêtre ?

MICHEL. Je ne tardai pas à l'entendre s'ouvrir avec précaution... Un homme s'était bientôt introduit dans ce salon, et cet homme avait passé si près de moi, que je l'avais reconnu.

DIDIER. C'était ?..

MICHEL. C'était M. Darcourt.

DIDIER. Eugène... Eugène... chez ma fille... chez Laure... la nuit !... Non, ce n'était point chez Laure qu'il venait !.. la femme de chambre, peut-être, lui avait donné rendez-vous...

MICHEL. Ici, monsieur ?.. Ce n'est point croyable... d'ailleurs cela n'est pas... Sorti de ma retraite, sans plus de précautions, je restai quelques instans les yeux fixés sur cette fenêtre refermée, cherchant à surprendre encore quelque indice de réalité, pour m'assurer que je ne rêvais pas... je n'aperçus rien; mais on m'aperçut... et le lendemain matin, la première personne que je rencontrai, ce fut Mlle Laure, pâle et pleurant, qui se jeta d'abord dans mes bras, en me disant : « Grâce, Michel, grâce !.. » tu sais tout... je t'ai vu... mais par » pitié, Michel ! tais-toi, par pitié... pour » l'honneur, pour les jours de mon père !

DIDIER, *d'une voix sombre.* Oui, c'est pour succomber sous la honte et le chagrin!

MICHEL. Jugez, monsieur, si j'ai dû me décider avec peine à vous confier ce fatal secret !.. enfin ç'a été plus fort que moi ; j'ai pensé à M. Jules...

DIDIER. Trahi dans son amour, attiré dans l'opprobre, comme dans un guet-à-pens, lui, Jules, sans qui je serais moi-même déshonoré!.. et c'est Laure que je trouve capable de tant d'ingratitude et de dissimulation !

MICHEL. Permettez, monsieur... ce reproche, elle ne le mérite pas : elle n'a refoulé dans son cœur l'aveu de sa faute, que par tendresse pour vous, pour sa mère.... sa mère, à la douleur de laquelle elle a préféré l'angoisse de ses remords... Regardez-la, monsieur, et si la tristesse profonde qui s'est emparée d'elle, ne vous a pas frappé, ses traits amaigris, son visage abattu, vous laisseront lire, du moins, ce qui se passe dans son ame.

DIDIER. Il n'est que trop vrai.

MICHEL. Eh bien! vous qui êtes généreux et bon, monsieur, ayez assez de calme et de sang-froid pour interroger doucement votre fille, et je suis sûr qu'elle vous ouvrira son cœur, et qu'elle obtiendra son pardon.

DIDIER. Et Jules, pardonnera-t-il jamais, lui ?.. N'importe; je suivrai ton conseil... je veux lui parler... l'entendre, c'est le seul moyen qui me reste de pouvoir l'aimer encore !.. mais si, malgré mes avances, elle ne se confie pas à moi, si je ne parviens à l'émouvoir, et qu'elle ne verse pas dans mon sein son secret avec ses larmes, oh ! alors, malédiction sur elle, et mort à son séducteur !.. car il s'agirait, non plus de faute et de chagrins, mais de crime et d'infamie ! La voilà, Michel... tu vas te retirer.

Laure paraît hors de sa chambre, d'un air plus gai qu'elle n'y était entrée.

MICHEL, *avec intention.* Monsieur n'a plus rien à recommander?

DIDIER. Rien.

Michel sort.

SCENE VII.

LAURE, DIDIER.

LAURE. Père, oh! si tu savais combien je me sens heureuse en ce moment.

DIDIER, *d'un ton sérieux.* Et la cause de cet accès de bonheur?

LAURE. Ne dirait-on pas que mon bonheur a des intermittences, comme la fièvre?

DIDIER. Mais... à peu près... enfin?

LAURE. Enfin, c'est que je viens d'examiner ma corbeille, et que je ne pouvais me lasser de l'admirer, tant il y a de richesse et de bon goût dans tout ce qu'elle contient.

DIDIER. Ah! oui, de riches étoffes, des fleurs, des diamans... cela doit rendre bien heureuse en effet.

LAURE. Sans doute, puisqu'il n'y a pas une étoffe, pas un brillant, pas une fleur, dont le choix n'ait été déterminé par le désir de me plaire; puisque je ne touchais pas une parure, puisque je n'en porterai pas une, sans me répéter : Merci, Jules, merci de m'aimer autant !

DIDIER, *avec étonnement.* Cet amour que tu lui as inspiré, tu en sens donc tout le prix, ma fille?.. tu es sûre de l'apprécier ce qu'il vaut... et surtout de le mériter.

LAURE. Est-ce toi qui m'en jugerais indigne?.. Mais qu'as-tu donc, père, à me regarder ainsi?

DIDIER. Je cherche à voir si l'air de ton visage ne dément tes paroles en aucune façon.

LAURE. Moi, mentir!.. oh ! devant toi! Mais pourquoi mentir?

DIDIER. Ce ton de franchise semblerait devoir ne pas me laisser de doutes.

LAURE. Il y en avait donc dans ton cœur ?

DIDIER. Il te sera facile de les dissiper d'un seul mot.

LAURE. Comment ?

DIDIER. Si tu m'expliques l'abattement, la mélancolie où tu es plongée, et que peut-être j'avais mal comprise.

LAURE. Mais je ne sais quelle pensée t'est venue?

DIDIER, *avec intention.* Aucune qui pût te faire perdre quelque chose de l'amitié, de l'estime de ton père... mais, en réfléchissant aux circonstances qui ont amené Jules parmi nous, aux obligations que j'ai contractées envers lui, puis à la demande qu'il m'a faite de ta main, avec tant de discrétion, toutefois !.. j'ai craint qu'entraînée d'abord par un sentiment de reconnaissance envers ton cousin, tu ne te fusses pas crue assez libre de te soustraire à une alliance qu'il désirait, lui, notre bienfaiteur... De là cette tristesse causée par une contrainte que tu te serais exagérée; car Jules serait le premier à renoncer à son bonheur , si le tien devait en souffrir.

LAURE. Il est si généreux ! mais rassure-toi : mon bonheur est étroitement lié au sien, et je ne m'abuse pas sur le sentiment que j'éprouve... je l'aime... oh ! je l'aime d'amour, et je l'aurais aimé ainsi, quand même il ne t'eût pas sauvé l'honneur.

DIDIER, *avec entraînement.* Ma Laure !.. ma fille chérie !.. (*A part.*) Mais, ce que m'a dit Michel... l'autre est venu pourtant ! (*Il jette les yeux sur la chambre de sa femme.*) Ah !

LAURE. Mon père !.. ce trouble, cette émotion...

DIDIER. Mon enfant, j'ai bien été frappé de la franchise de tes paroles et de ton accent de sincérité... pardonne toutefois, si la conviction n'a pas entièrement pénétré mon ame : c'est que j'ai de toi, de ta tendresse filiale, une idée telle, que je te crois capable de nous sacrifier à tous le repos de ta vie, et de nous tromper pour nous épargner un chagrin. Ce serait là un excès de générosité sur lequel mon devoir est de t'éclairer.

LAURE. Mais, en vérité, je n'ai pas tant de mérite à aimer Jules.

DIDIER. Ce serait tout naturel, s'il était toujours resté seul auprès de toi ; Jules , sans rivalité, sans point de comparaison, possède assez de nobles qualités pour plaire; mais aussi ne serait-il pas possible qu'il eût perdu à se trouver à côté d'un homme dont les sentimens sont moins élevés, le cœur moins bien placé, mais dont l'esprit est plus vif, dont la tournure et le langage sont plus séduisans aux yeux d'une jeune fille... Voyons , Laure, la présence de M. Darcourt n'a-t-elle produit aucune impression sur toi ?

LAURE, *vivement.* Monsieur Eugène... lui !.. je jure que je ne l'aime pas.

DIDIER. Tu le jures !.. (*A part.*) Et il est venu pourtant ! (*Il jette encore les yeux sur la chambre de sa femme.*) Tu ne l'aimes pas, Laure ?

LAURE. Non, mon père , mais non !

DIDIER. Et lui ne t'a jamais fait entendre des paroles d'amour ?

LAURE. A moi ? jamais.

DIDIER. Cruelle enfant !.. tu ne me caches rien ?.. Pourquoi donc, quand tu vas épouser celui que tu aimes, pourquoi ces soupirs qui s'échappent malgré toi de ta poitrine ?.. pourquoi ces larmes que j'ai surprises dans tes yeux ?

LAURE. Pourquoi je soupire... pourquoi je pleure... je ne sais... A l'approche du changement que va subir ma destinée, c'est une émotion involontaire.... mais Dieu m'est témoin que, loin de la redouter, j'appelle de tous mes vœux l'époque de mon mariage avec Jules.

DIDIER , *à part.* Darcourt... Sophie... oh ! non... non !.. les voici.

SCENE VIII.

LES MÊMES, DARCOURT, SOPHIE, JULES.

SOPHIE, *en entrant.* C'est vous qui reteniez Laure ?.. Décidément, mon ami, vous en voulez aujourd'hui à ce pauvre Jules.

DARCOURT. Nous vous le ramenons... puisque vous n'êtes pas venu nous rejoindre.

DIDIER. Je vois que mon absence vous a contrariés... Je vous manquais, n'est-ce pas?

DARCOURT. Vous... et Mlle Laure.

DIDIER. Surtout Laure, peut-être?

SOPHIE. Oh! nous la savions gravement occupée à examiner sa corbeille.

JULES. Ma cousine approuve-t-elle ?

DIDIER, *examinant Darcourt.* Si elle approuve !.. elle est enchantée, et tes cadeaux ont produit un effet merveilleux... mais parle donc, Laure, répète-lui tout ce que tu me disais tout-à-l'heure.

LAURE. Mon père...

DIDIER, *les yeux toujours fixés sur Darcourt.* C'est donc moi qui le répéterai?

JULES. Voyons, mon oncle.

DIDIER, *même jeu.* Elle m'assurait, mon cher Jules, que tes présens lui semblaient d'autant plus précieux, qu'elle y voyait autant de gages de ton amour.... mais que cet amour lui semblait encore préférable à tout, et qu'elle se sentait heureuse et fière de devenir ta femme.

JULES. Vous avez dit cela, Laure?

LAURE. Oui, mon cousin... oui, Jules.

JULES, *transporté.* Laure ! ma bien aimée... ah ! je vous prends à témoin du serment que je fais ici de consacrer chaque instant de ma vie au bonheur de la sienne, et de payer, par tous les sacrifices, la joie si pure qu'elle vient de répandre dans mon ame.

DARCOURT, *à Jules.* Recevez mes sincères complimens.

DIDIER, *à part.* Les aveux de Laure ne l'ont pas troublé !

SOPHIE, *à Didier.* Qu'avez-vous, mon ami ? Quelle préoccupation peut vous distraire de ce bonheur de famille ?

DIDIER. Rien ne m'en distrait... j'y suis tout entier... Mais vous-même, indisposée, Sophie, n'avez-vous pas besoin de repos ?.. Je crois, messieurs, que nous ferons bien de nous retirer, et de laisser ces dames, libres dans leur appartement.

JULES. Déjà !

DARCOURT. Les amoureux ne sont jamais pressés de dormir... ce qui n'empêche pas que M. Didier ait raison... aussi, donné-je le bon exemple. Allons, Jules... Ma chère cousine, mademoiselle Laure, dormez bien.

JULES. A demain, Laure.

LAURE. A demain.

JULES. Bonne nuit, ma tante.

Jules lui baise la main.

DARCOURT, *à Jules et à Didier.* Je vous attends, messieurs.

DIDIER, *à part, après avoir embrassé Sophie et Laure.* Ce n'est pas Laure qui me trompe !

Il sort avec Darcourt et Jules.

SCENE IX.
SOPHIE, LAURE.

LAURE. Et nous, maman, est-ce que nous allons aussi nous séparer ?

SOPHIE. Comme à l'ordinaire, je suppose.

LAURE. Non... tiens... si tu étais bien gentille, tu me laisserais passer la nuit dans ta chambre.

SOPHIE. Quel enfantillage !... Et pourquoi ?

LAURE. Pourquoi ?... pour te servir de garde-malade.

SOPHIE. Si je ne m'étais pas sentie assez bien, pour rester seule, j'aurais fait descendre Julienne, et ce n'est pas à toi que j'aurais imposé cette fatigue.

LAURE. Ce ne serait pas une fatigue... je dormirais sur ton canapé, et au moins je serais là, tout de suite, à tes côtés, en cas de besoin.

SOPHIE. Merci, mon enfant, c'est inutile.

LAURE. Je t'en prie !

SOPHIE. Non, demain tu serais pâle... Jules te trouverait moins jolie, et c'est à moi qu'il s'en prendrait.

LAURE. Eh bien ! ensemble ? De cette manière-là, je n'aurai ni fatigue, ni inquiétude.

SOPHIE. Tu en auras moins encore chez toi, et je te conseille bien d'y reposer tranquille. Ne sommes-nous pas assez voisines l'une de l'autre, pour que je compte sur ton aide, si j'appelais.

LAURE, *vivement.* Moi ! je n'entendrais pas ! Je te jure, maman, que, de ma chambre, on entend rien.

SOPHIE. N'importe.

LAURE. Tu me refuses ?

SOPHIE. Et toi, tu insistes ?

LAURE. Cela ne te surprendrait pas, si tu songeais, comme moi, que le temps d'être toujours ensemble, touche bientôt à son terme... Bientôt un autre ne réclamera-t-il pas sa part des instans de mon existence ? Ma vie d'enfant s'en va si vite, que j'en deviens avare, et que je regrette ce qui s'en perd loin de toi, même dans le sommeil... laisse-moi le plus long-temps possible être ta petite Laure, ta petite fille, accoutumée à ne pouvoir se passer de sa mère, à l'embrasser le soir, avant de s'endormir dans ses bras, à l'embrasser le matin, en s'éveillant dans ses bras encore. Viens..... par là.

Elle veut l'entraîner à droite.

SOPHIE. Non.

LAURE. Non ?

SOPHIE. Une autre fois.. demain.. mais pas cette nuit.

LAURE, *à part.* Il viendra !

SOPHIE, *inquiète.* Va, mon enfant... rentre chez toi.

LAURE. Tu le veux ?

SOPHIE. Je le veux.

LAURE. Eh bien ! j'obéis.

SOPHIE. Tu ne m'embrasses pas ?.. tu es fâchée ?

LAURE, *après s'être jetée au cou de sa mère, à part.* Mon Dieu ! veillez avec moi.

Elle entre dans sa chambre.

SCENE X.
SOPHIE, *seule.*

Pauvre Laure ! mon refus l'a affligée... ses instances étaient si touchantes et si vives... Etait-ce donc le ciel qui lui inspirait ce désir de ne pas s'éloigner de moi ?... et j'ai résisté !.. ma fille sur qui j'avais long-temps et sans partage versé mon amour... mon enfant chérie, dont mes yeux ne se détachaient pas autrefois, je l'ai sacrifiée à des exigences dont je dois rougir... je l'ai repoussée, elle!. Que n'ai-je eu plutôt la force de rejeter d'autres prières, de ne pas consentir à cette dernière entrevue... Oui, la dernière! pourvu qu'elle ne nous soit point funeste, du moins!.. et puis, c'est une cruelle et dangereuse épreuve que celle des adieux à faire à l'homme dont on est aimée, que l'on aime, et que l'on a là, près de soi, suppliant et désespéré... et le moment de cette épreuve approche... je ne veux pourtant pas faiblir tout-à-l'heure!. Oh! si la lecture de mon billet pouvait l'émouvoir.. s'il était assez généreux pour m'épargner le péril d'une lutte, où je succomberai peut-être... Non, non, je ne succomberai pas... je me sens de force à rentrer dans le devoir, et par les soins, le dévouement que je prodiguerai désormais à M. Didier, je réparerai l'offense que j'ai commise envers lui... une faute s'expie par des remords et des regrets!

Darcourt paraît à la fenêtre, il saute légèrement dans le salon.

SCENE XI.

SOPHIE, DARCOURT.

SOPHIE. Vous voilà donc!

DARCOURT. Vous aviez espéré que je renoncerais à venir?

SOPHIE. N'avez-vous pas lu ma lettre?.. Elle contient l'expression de mes sentimens, de ma volonté.

DARCOURT. De votre volonté, Sophie!. c'est-à-dire, madame, que pour m'aimer ou ne m'aimer plus, pour me donner votre cœur, ou chasser jusqu'à mon nom de votre souvenir, il vous suffit, à vous, de votre volonté... mais votre volonté me suffit-elle, à moi, pour que je vous oublie, comme vous m'oubliez; pour que mon amour s'éteigne sous le premier souffle, comme le vôtre?

SOPHIE. Mon Dieu! pourquoi est-il venu?

DARCOURT. Ah! oui, pourquoi suis-je venu..? Sans doute, il vous convenait davantage de ne pas me voir, de ne pas m'entendre... On hésite à tuer de près; et l'on tue de loin, sans peine, parce qu'on ne craint alors ni plaintes, ni malédictions... cela est si simple n'est-ce pas, d'écrire: Séparons-nous!..... Mais c'est afin que vous me le disiez ne face, que je suis venu!

SOPHIE. Eh bien! oui, je redoutais votre présence, Eugène; je reculais devant le spectacle de votre douleur, je tremblais à la pensée de vos reproches; et c'eût été généreux à vous de me donner l'exemple du courage, ou du moins de respecter ma faiblesse et de ne pas combattre une résolution... qui ne saurait changer...

DARCOURT. Tais-toi, Sophie, tais-toi... ne parle pas ainsi! je ne veux pas croire à tes paroles... plus que je n'ai voulu croire à tes écrits... Qu'ai-je fait pour qu'aujourd'hui tu ne m'aimes plus... toi, qui m'aimais hier?... pour que ta main, que tu abandonnais à mes baisers, cherche en ce moment à se dégager de la mienne?

SOPHIE. Vous n'avez donc pas compris que je suis trop malheureuse?.. que je ne puis plus vivre entre mon amour et mon devoir... entre vous et mon mari?... C'est trop de honte! c'est trop de remords!

DARCOURT. De la honte! des remords! non, il n'y en a pas dans l'amour....

SOPHIE. Mais dans l'oubli des sermens il y en a, je vous le jure!

DARCOURT. Oui, dans l'oubli des sermens.... et tes premiers sermens, Sophie, ne m'appartenaient-ils pas? et n'est-ce pas à moi de les réclamer?... Lorsqu'oubliant les promesses faites à l'ami de ton enfance, tu as consenti, toi, jeune fille, à devenir la femme d'un vieillard, tu n'as pas alors entendu la voix du remords, qui te parle à présent si haut!.. c'est là pourtant qu'est le crime... J'en appelle à tes souvenirs, Sophie, qui de nous t'a rendue parjure, moi... ou M. Didier?...

SOPHIE. Parjure!.. oui, j'en conviens, c'est lui qui m'a rendue parjure envers vous, Eugène!... Mais enfin ces devoirs que vous m'accusez d'avoir méconnus n'étaient pas les devoirs sacrés d'épouse et de mère.

DARCOURT. Remplissez-les donc, ces devoirs sacrés, remplissez-les comme vous les comprenez, madame! et n'ayez plus à rougir devant votre mari!

SOPHIE. Ah! monsieur...

DARCOURT. Mais, pour que vous n'ayez plus à rougir devant personne, je vous fuirai... car vos regards s'abaisseraient encore sous les miens... je suppose, et ma présence vous rappellerait deux hontes à la fois.

SOPHIE. Arrêtez!! que voulez-vous dire?

DARCOURT. Qu'il n'y a de fidélité que que celle du cœur, et que je ne pourrais paraître devant toi, Sophie, sans que tu songeasses que ton cœur m'appartient, que c'est mon trésor... ma possession, et que tu es deux fois infidèle, au lieu d'une, en repoussant l'homme que tu as aimé, pour te rendre à celui que tu n'aimes pas.

SOPHIE. Vous vous trompez, Eugène.... si M. Didier n'a pas fait naître en moi cet amour brûlant et emporté, qui consume et détruit tout autre sentiment. L'honneur et le repos du père de ma fille me sont chers, cependant... et si, pour vous, j'ai osé les compromettre, en vain tenteriez-vous de me pousser à les compromettre plus long-temps... Non, monsieur, ce n'est pas être deux fois coupable que de s'arrêter dans le crime, et ce serait une étrange pensée que celle de s'en absoudre, en y persévé-rant. Je vous pardonne le langage que vous venez de me tenir... je n'y vois pas un piége tendu à ma faiblesse... je vous crois sin-cère, comme je le suis moi-même, en vous répétant que je dois cesser, non de vous aimer, Eugène, mais d'être coupable à mes propres yeux, aux vôtres peut-être, comme désormais vous le deviendriez vous-même aux miens.

DARCOURT, *avec transport.* Eh! que m'importe d'être coupable, à moi!

SOPHIE. Et méprisable?

DARCOURT. Méprisable!

SOPHIE. Quoi donc, ne sentez-vous pas ce qu'il y aurait d'infâme à prolonger notre égarement, à tromper davantage l'homme généreux qui ne s'occupe que de notre bon-heur, et qui, ce matin encore, pour vous aider à réparer votre fortune, mettait à votre disposition ses conseils et son cré-dit?..

DARCOURT. Je n'ai rien accepté.

SOPHIE. Et pour n'accepter pas ce qu'il vous offre, vous vous croyez en droit de lui prendre son bien le plus cher... son hon-neur!... Savez-vous, Eugène Darcourt, que vous paraissez avoir des capitulations de conscience plus étranges que mes remords! Oh! s'il en était ainsi, peut-être, comme vous le disiez, mes regards s'abaisseraient-ils sous les vôtres... en effet, j'aurais honte de vous avoir aimé!

DARCOURT. Madame!

Bruit à gauche.

●○○●○○○○●○○●○○○○●○○●○○●○○○○○●○○●○○●○○○●○○○●

SCENE XII.

LES MÊMES, LAURE.

LAURE, *sortant de sa chambre avec pré-cipitation.* Mon père!... voici mon père!..

SOPHIE, *épouvantée.* Juste ciel!

LAURE, *perdant la tête.* Fuyez, mon-sieur, fuyez... Quand je vous dis que voici mon père!

DARCOURT. M. Didier!

LAURE. Je l'ai vu de chez moi... il monte en ce moment.

Elle ferme les verroux de la porte.

DARCOURT. Par où fuir?

LAURE, *indiquant la fenêtre.* Par là!.... (*Elle y court, puis vivement.*) Non!... n'ap-prochez pas!.. du monde dans le jardin... Mon Dieu! que faire?...

SOPHIE. La mort!.... la mort!.... mon Dieu!... (*Dans le plus grand trouble.*) At-tendez... oui... dans ma chambre.

LAURE, *vivement.* Oh! non. . non! pas dans votre chambre, ma mère!

On entend frapper violemment à la porte du fond.

SOPHIE, *chancelante.* Je suis perdue!

DIDIER, *en dehors.* Ouvrez... ouvrez!

LAURE, *baissant la voix.* Du calme!... du calme.

DIDIER, *agitant la porte avec force.* Ou-vrirez-vous?

DARCOURT. Comment échapper?

LAURE, *frappée d'une idée.* Ah! sauvée! sauvée!.. (*Indiquant sa chambre à Darcourt.*) Là!... là! monsieur.

DARCOURT. Chez vous?...

SOPHIE. Non! plutôt mourir.

DIDIER, *en dehors.* Ouvrez donc, ou je brise la porte.

La porte est prête à céder.

LAURE, *à Darcourt.* Entrez, monsieur... mais entrez donc!... Vous, ma mère, pas un mot, entendez-vous?

Elle le pousse dans sa chambre, malgré Sophie. Di-dier a forcé la porte, et paraît.

●○○○○●○○●○○○○○●○○○○○●○○●○○○○○●○○●○○○○○●○○○●

SCENE XIII.

LAURE, SOPHIE, DIDIER.

DIDIER; *traversant la scène, entre tout de suite, et sans rien dire, dans la chambre de Sophie, puis en ressort presque aussitôt en s'é-criant.* Personne!.. où est-il? où donc est-il?

Il va pour entrer chez Laure.

LAURE, *se jetant au-devant de lui.* N'en-trez pas!

Didier la repousse et va pénétrer chez elle. Darcourt paraît sur le seuil de la porte de Laure, en même temps que Jules à la porte du fond.

●○○●○○○○●○○○●○○●○○○○○●○○●○○○○○●○○●○○○○○●○○○●

SCENE XIV.

LES MÊMES, JULES, DARCOURT.

JULES. Que se passe-t-il?... ce bruit...

LAURE, *à part.* Jules!... Ah!

Elle se cache la tête dans ses mains.

JULES, *à la vue de Darcourt.* Que vois-je?

DIDIER. Le suborneur qui t'est préféré!

JULES, *reculant.* Lui!

DIDIER, *faisant un pas vers Darcourt.* In-fâme!

Laure le retient.

SOPHIE, *défaillante.* Malheureuse enfant!

JULES, *hors de lui.* Laure! est-il possible?

SOPHIE. Non! grâce, monsieur.

LAURE, *interrompant sa mère.* Oui... grâce!.. grâce pour moi qui vous ai trompé!

DIDIER, *avec force.* Grâce!

SOPHIE, *voulant parler.* Ma fille...

DARCOURT, *bas à Sophie.* Silence!.. elle vous sauve!

SOPHIE. Mais elle...

LAURE, *bas à Sophie.* Taisez-vous, mon père en mourrait.

Tableau.—La toile tombe.

ACTE SECOND.

Même décoration qu'au premier acte. Un salon. Portes au fond. Portes latérales.

SCENE PREMIERE.

DIDIER, SOPHIE, LA FEMME DE CHAMBRE.

Au lever du rideau, Sophie, soutenue par une femme de chambre et par Didier, sort de la chambre de droite; elle est pâle et affaiblie, une profonde tristesse est empreinte sur les traits de Didier.

DIDIER, *en entrant.* Ne craignez pas de vous appuyer sur mon bras, ma pauvre Sophie... depuis quelques heures à peine, rendue à la vie, vous devez être si faible encore!... Tenez... placez-vous là, et respirez l'air frais et pur qui, du jardin, pénètre dans ce salon.

SOPHIE, *levant les yeux.* Ce salon...

DIDIER, *à la femme de chambre.* Laissez-nous. (*Elle sort.*) J'aurais dû prévoir qu'à la vue de ce lieu était à jamais attaché, pour vous, le souvenir d'une horrible douleur!..

SOPHIE, *d'une voix faible.* Combien de temps a donc duré cet évanouissement qui semble vous avoir tant inquiété?

DIDIER. Trente heures environ!.. trente heures de mortelles angoisses!

SOPHIE, *le regardant.* Vous êtes si bon!

DIDIER, *continuant.* Je te vois encore, immobile et glacée, sur ce lit que je mouillais de mes larmes... En vain je t'appelais des noms les plus tendres, tu demeurais sourde à mes cris... et plus heureuse que moi, Sophie, tu semblais avoir trouvé dans le trépas l'oubli d'une grande infortune!

SOPHIE, *émue et hésitant.* Et... Laure... notre enfant... que faisait-elle?...

DIDIER, *froidement, après un temps.* Elle n'a quitté ton chevet qu'après que la mort s'en fut éloignée.

SOPHIE, *à part.* O ma fille!...

DIDIER, *d'une voix sombre.* C'est une rude épreuve que nous avons à subir là!.. seul, j'y aurais succombé, sans doute... la tombe se serait déjà refermée sur mon déshonneur, elle aurait déjà dérobé aux yeux du monde la rougeur que la honte de notre fille vient d'imprimer sur mon front!...

SOPHIE. Ah! ne la maudissez pas, mon ami!... ne la maudissez pas!

DIDIER. Elle, non... (*s'animant*) mais lui, l'indigne!.. lui, qui a payé mon hospitalité de la séduction de mon enfant..... lui, que je voudrais immoler au plus juste des ressentimens... et qu'il me faut accepter pour gendre!

SOPHIE, *attachant sur lui son regard.* Qu'avez-vous dit là?...

DIDIER. N'est-ce pas qu'elle est affreuse, la pensée qu'une pareille alliance peut seule laver la souillure faite à notre nom?

SOPHIE, *comme sortant d'un rêve.* Laure deviendrait la femme d'Eugène Darcourt.

DIDIER, *tristement.* Aujourd'hui même.

SOPHIE, *d'une voix sombre, à part.* Laure, la femme d'Eugène Darcourt!... (*A elle-même, avec conviction.*) Oh! non... jamais... jamais!...

DIDIER. Je comprends ce qu'a d'affreux pour vous la nouvelle de ce mariage... mais enfin cette triste réparation est la seule qui nous reste à obtenir.

SOPHIE. Et... Laure a consenti?...

DIDIER. En douteriez-vous?... Ne nous a-t-elle pas cruellement appris son amour pour cet homme!

SOPHIE. Mais lui?... lui?...

DIDIER. Lui!... ah! la moindre hésitation de sa part eût été pour lui un arrêt de mort!.. Mais assez... assez... de grâce... une émotion trop vive pourrait vous devenir funeste... et moi-même...

SOPHIE, *à part.* Ah!... je rêve!...

DIDIER, *continuant.* Votre état de faiblesse vous dispensera de paraître à la cérémonie... (*Laure paraît au fond, elle tressaille à la vue de son père et de sa mère, et s'avance lentement sans être entendue. Didier continue.*) Allons, Sophie, du courage!... du calme, s'il se peut... tâchons d'oublier que nous avons une fille, puisqu'il ne nous est plus permis de songer à elle sans verser des larmes amères... (*Laure entre par le fond.*) Allons!... et puis rappelle-toi que tu es maintenant le seul lien qui m'attache encore à la vie... et que, ce lien une fois rompu...

LAURE, *à genoux près de Didier et élevant vers lui ses mains suppliantes.* Mon père!...

SCÈNE II.
Les Mêmes, LAURE.

DIDIER, *avec une froideur qui trahit son trouble.* Debout!... et laissez-moi.

LAURE, *s'emparant d'une de ses mains, qu'elle couvre de larmes.* Mon père!...

DIDIER. Laissez-moi... éloignez-vous... Ne voyez-vous pas que votre présence me fait mal?.. Ne sentez-vous pas que le contact de votre main fait frissonner la mienne?...

SOPHIE, *suppliante.* Ah! monsieur!... je vous en conjure!...

DIDIER, *voulant la relever.* Relevez-vous.

LAURE. Oh! non, non!.. à vos genoux, mon père! à vos genoux!... (*Après un temps.*) Une grâce!... la seule que j'ose implorer!... pas de ces paroles glacées qui me vont au cœur et me le brisent... plutôt des menaces et des reproches! plutôt votre colère que votre mépris!...

SOPHIE. Ah! c'est affreux!...

LAURE, *les mains jointes.* Mais, si vous laissiez tomber un regard sur moi...

DIDIER. Vous demandez un regard?... êtes-vous sûre de pouvoir le soutenir? Je vous ai dit de vous relever.... (*Il la relève malgré ses efforts.*) Savez-vous que tout ce que j'espérais de bonheur a été par vous anéanti?.. A l'instant où mon rêve le plus doux allait s'accomplir, vous m'avez éveillé par une épouvantable chute; le savez-vous?

SOPHIE, *à part.* Oh! je parlerai... je parlerai!

DIDIER, *continuant.* Vous avez jeté le trouble dans l'ame de celui que j'étais si joyeux de nommer mon fils, de celui que votre cœur vous eût dit d'aimer, si votre cœur eût compris la reconnaissance... et qu'au lieu de cela, vous ne rougissiez pas d'abuser par de menteuses paroles?

SOPHIE. Assez! assez!

DIDIER. Et votre mère!.. voyez!.. vous avez manqué tuer votre mère.

LAURE, *se couvrant le visage de ses mains.* O mon Dieu! mon Dieu!

DIDIER. Je vous regarde à présent... et c'est vous qui vous cachez le visage.

SOPHIE, *à Didier.* Pitié! pitié pour ma fille!...

DIDIER, *à Laure.* Vous l'entendez : elle épuise à demander votre grâce le peu de forces que vous lui avez laissées. Eh bien! je ne vous maudirai pas... et, si le pardon d'un père doit un jour alléger vos remords, je vous l'accorde... Fasse le ciel qu'un autre ne se charge pas bientôt de la vengeance!... (*Après un temps.*) Que cet entretien soit le dernier, je vous prie. Dans quelques heures vous serez à celui que vous aimez tant!... et aussitôt après la cérémonie, vous partirez avec lui pour Paris.

Il va pour s'éloigner.

LAURE. Me séparer de vous, mon père!

DIDIER. Je le veux ainsi. (*Elle fait encore un mouvement vers lui.*) Demeurez.

Emu, il sort précipitamment par le fond.

SCÈNE III.
SOPHIE, LAURE, *puis* LA FEMME DE CHAMBRE.

A peine Sophie s'est-elle assurée que Didier est éloigné, qu'elle se jette au cou de Laure. — Moment de silence.

SOPHIE, *l'étreignant.* Pauvre enfant!.... laisse, laisse-moi te couvrir de baisers et de larmes.

LAURE, *l'arrêtant.* O ma mère!

SOPHIE. Laure, tu n'as pas hésité à te perdre pour me sauver. Tu m'as fait sans balancer le sacrifice de ta réputation et de ton amour..... Mais me penses-tu capable d'accepter ce sacrifice?

LAURE, *avec inquiétude.* Ah! plus bas! plus bas, ma mère!.. Que voulez-vous dire?

SOPHIE. Que ton généreux dévouement a pénétré mon ame de reconnaissance et d'admiration!.. que je suis heureuse et fière de te presser sur mon cœur, en te nommant ma fille! Mais que j'aimerais mieux mourir de honte aux pieds de mon époux que de laisser s'accomplir cet abominable mariage!

LAURE, *s'efforçant de cacher son agitation.* Je ne vous comprends pas, ma mère... il semble que l'idée seule de ce mariage vous épouvante..... C'est ma plus douce pensée, à moi, c'est mon plus cher espoir... Je ne vous comprends pas.

SOPHIE, *la regardant.* Mais c'est à mon tour de ne pas te comprendre?

LAURE, *se maîtrisant.* Ne savez-vous pas que j'aime.... que je n'ai jamais aimé... qu'Eugène Darcourt?

SOPHIE. Tu aimes Eugène Darcourt?

LAURE, *cherchant à retenir des larmes.* Oui, ma mère..... je l'aime, et cette union me rend heureuse... bien heureuse.

SOPHIE. Quel est donc ton projet? penserais-tu me tromper aussi?... Mais tu sais bien que, moi, je ne puis pas te croire; mais tu ne t'aperçois donc pas, enfant, que tes larmes démentent tes paroles?...

LAURE, *s'efforçant de sourire.* Je pleure, moi?... Il n'en est rien... voyez... je suis calme... le sourire est sur mes lèvres... Je vous le répète, je suis heureuse.

SOPHIE, *la pressant sur son cœur.* L'honneur d'une mère est donc chose bien sacrée pour une bonne fille, que tu t'efforces, toi dont l'ame est pure comme celle d'un ange, de paraître coupable aux yeux même de celle qui sait bien que tu ne l'es pas? (*La couvrant de baisers.*) Ah! merci! merci! toi qui veux épargner la rougeur au front de ta mère!

La femme de chambre paraît au fond.

LA FEMME DE CHAMBRE, *en entrant.* M. Lagrange demande si madame peut le recevoir?

LAURE, *tressaillant.* Jules!

SOPHIE, *vivement.* Faites entrer.

La femme de chambre fait un signe au dehors.

LAURE, *bas à sa mère.* Oh! non, ma mère, non, je ne veux pas le voir! (*Jules paraît.*) Il n'est plus temps!

A la vue de Laure, Jules a fait un mouvement. La femme de chambre va pour sortir.

SOPHIE, *vivement.* Restez! (*Elle s'approche de la table, et trace à la hâte quelques mots.*) Ce billet à M. Darcourt; hâtez-vous.

La femme de chambre sort.

∞∞∞∞∞∞∞∞∞∞∞∞∞∞∞∞∞∞∞∞∞∞∞∞∞∞∞

SCENE IV.

LAURE, SOPHIE, JULES.

JULES, *troublé, à Sophie.* Excusez-moi... je sens que je pourrais être importun... je me retire...

SOPHIE, *vivement.* Oh! non, restez... Il faut que je vous parle.

JULES, *à Sophie.* Je n'ai pas voulu m'éloigner de ces lieux sans être entièrement rassuré sur votre état.

LAURE, *à part.* Comme il doit souffrir aussi!

SOPHIE. Vous partez, Jules... et ce départ va priver votre oncle des consolations que lui doit votre amitié.

JULES. Je le sais, son affliction doit être grande! aussi ne tàrderai-je pas à revenir en partager avec lui le fardeau.... Mais aujourd'hui ma présence ici ferait un trop pénible contraste avec le bonheur des autres.

LAURE, *à part.* Le bonheur des autres!.. Ah!... éloignons-nous... je sens que mes larmes vont me trahir.

Elle sort précipitamment par le fond.

∞∞∞∞∞∞∞∞∞∞∞∞∞∞∞∞∞∞∞∞∞∞∞∞∞∞∞∞

SCENE V.

JULES, SOPHIE.

JULES, *la regardant s'éloigner.* Sa vue vient de briser mon courage et de ranimer en un instant toutes mes douleurs.

SOPHIE, *à part.* Pauvre Jules! comme il l'aime!

JULES, *haut, à lui-même.* Et je ne puis même pas douter de mon malheur!... pas le moindre espoir pour m'aider à le supporter!.... C'est elle-même, dont la voix, hier encore, n'avait pour moi que des paroles d'amour, c'est elle qui m'a tout-à-coup arraché jusqu'à ma dernière illusion. Ah! c'est affreux! affreux!

SOPHIE, *pleurant.* Jules, votre douleur me tue..... Je voudrais..... et je ne puis y mettre fin... (*Hésitant.*) Cependant, avant de condamner au fond de votre cœur celle par qui vous êtes si malheureux... dites-vous... Il se peut qu'il y ait à le faire injustice et cruauté...

JULES, *vivement.* Comment?

SOPHIE. Peut-être n'est-elle pas coupable, celle qui jusque là s'était montrée toujours pure, toujours irréprochable..... Dites-vous, Jules, que malgré ses aveux mêmes..... votre cœur devrait peut-être se refuser à croire à sa trahison...

JULES. Et le moyen de ne pas y croire!.. Si mes souvenirs me parlent haut en sa faveur, la déplorable scène dont elle n'a pas craint de me rendre le témoin ne vient-elle pas aussitôt me parler plus haut encore!.. Et ce mariage, dont elle semble affecter de se montrer joyeuse, comme pour insulter à mon supplice!.. Oh! non, non!... vous voyez bien que le doute même né m'est plus permis!

SOPHIE. Eh bien!... ce mariage... il ne peut se faire... il ne se fera pas... Espérez, Jules... espérez!..

JULES, *s'animant par degrés.* Mais que voulez-vous que j'espère?.. Dans quelques heures l'acte qui doit l'enchaîner à un autre sera signé, cet autre aura reçu le serment de la parjure... Et, quand la foudre anéantirait cet acte maudit, quand elle briserait l'autel, me serait-il, pour cela, donné d'espérer?... Que pourrais-je avoir, pour cela, de commun avec la maîtresse d'Eugène Darcourt?

SOPHIE. Arrêtez!

JULES, *continuant.* Eugène Darcourt!... Ah! à ce nom, je sens la haine déborder de mon cœur! et si la mort de cet homme

n'entraînait la honte de toute une famille... car, sans lui, sans les piéges que
lui tendit cet infâme, Laure serait restée
pure, elle n'eût pas cessé de m'aimer....
Aussi savez-vous qu'il faut que votre honneur à tous me soit bien cher!..... Savez-
vous qu'il est grand, le sacrifice que je
vous fais de ma vengeance?..

SOPHIE, *vivement*. On vient... c'est lui
sans doute... Jules, par pitié, modérez ces
transports!..

JULES, *avec calme*. Rassurez-vous......il
vivra.

SOPHIE, *vivement*. Ne partez pas... votre
présence me sera nécessaire peut-être...je
vous attends ici dans une heure.

JULES, *saluant*. Dans une heure je re-
viendrai prendre congé de vous.

SOPHIE. Je l'entends... je passe un instant chez moi... j'ai besoin de me remettre et de me recueillir un moment... surtout, de la prudence, Jules, de la prudence !

Elle entre chez elle. La porte du fond s'ouvre, Darcourt paraît, il s'incline devant Jules, qui sort sans
lui rendre son salut.

SCENE VI.

DARCOURT, *seul, jetant les yeux sur un
papier qu'il tient.*

« Venez sans retard, monsieur, je vous
» attends. SOPHIE. » Elle me demande, et
Jules était avec elle !.. Ce regard qu'il m'a
lancé... que signifie tout cela ? Est-il bien
prudent à moi d'avoir consenti à cette entrevue?.. La refuser eût été plus impru-
dent encore... (*Il s'assied.*) Laure se taira ;
elle accomplira le sacrifice sans laisser
échapper une plainte... de son silence dé-
pendent le repos et la réputation de sa
mère, peut-être la vie de son père... je
suis tranquille de ce côté. Mais Sophie,
persistera-t-elle à se taire aussi? (*Après un
temps.*) Je n'ose descendre en moi-même,
spéculer sur l'action la plus sublime.. Ah !
c'est honteux, ce que je fais là ! Oui ; mais,
repousser la fortune, quand elle se pré-
sente si facile à saisir!.. Il faudrait pour
cela une vertu. . que je n'ai pas. Eh bien !
cependant, il m'en coûte d'abuser du dévouement, de la résignation de cette jeune
fille... En vérité, c'est comme un remords
qui se glisse dans mon ame... Allons, allons ; le sort en est jeté, pas de faiblesse. J'entends Sophie, du sang-froid, et voyons-la venir.

SCENE VII.
DARCOURT , SOPHIE.

Darcourt s'incline respectueusement, Sophie lui rend
son salut, et s'assied.

SOPHIE, *indiquant un siége à Darcourt.*
Prenez place près de moi...je suis si souffrante encore, que ma voix affaiblie... (*Il
s'assied.*) Lorsqu'agitée par mes remords,
lorsqu'avertie par un triste pressentiment,
je vous disais : Eugène, il nous faut étouf-
fer un criminel amour, je ne croyais pas le
châtiment si près. Où en serions-nous tous
les deux, si un ange ne s'était jeté au devant du coup qui allait nous frapper?

DARCOURT. Je n'ai tremblé que pour
vous, Sophie.

SOPHIE. Je vous crois, mais ne m'inter-
rompez pas. Vous vous êtes prêté à l'horrible comédie que la malheureuse Laure a
jouée en présence de son père et de son
fiancé... vous le deviez pour me sauver,...
Pressé par les événemens, vous avez accepté l'alliance que prétend vous imposer
un père, jaloux d'effacer le déshonneur
supposé de sa fille... oui, vous le deviez
encore... mais à présent, hâtez-vous de
m'apprendre ce que vous avez résolu pour
échapper à ce malheur ?

DARCOURT, *froidement*. De quel malheur voulez-vous parler?

SOPHIE, *avec étonnement*. Mais, du mariage dont les apprêts se font en ce moment... et je vous demande comment vous
allez vous y soustraire ?

DARCOURT. Je vous avouerai que la pensée qu'il soit possible de l'éviter ne m'est
pas venue.

SOPHIE, *étonnée*. C'était cependant la
première, la seule honorable qui dût vous
venir... et c'est à moi que vous venez dire
en face, et sans vous troubler, que vous
avez songé sérieusement qu'un pareil hymen s'accomplirait!

DARCOURT. Il y allait de votre réputation, je ne devais pas balancer.

SOPHIE. Et si je ne veux pas de mon salut à ce prix!

DARCOURT. Votre fille m'a donné l'exemple du dévouement... je le suivrai.

SOPHIE. Suis-je bien éveillée?... Mais,
vous oubliez donc que celle que vous
épouseriez est ma fille...! entendez-vous,
monsieur, ma fille !

DARCOURT. Je maudis, comme vous, le
sort qui a fait de ce mariage une nécessité ;
je gémis d'un événement qui va me séparer de vous, Sophie...

SOPHIE. C'est bien de moi qu'il s'agit, grand Dieu !.. Ce n'est point l'amante jalouse et délaissée qui se plaint... c'est la mère, la mère qui souffre, et crie !.. Ou vous ne me comprenez pas, Eugène... ou vous feignez de ne pas me comprendre... je commence à le craindre... Oh ! mais il faudra pourtant bien trouver moyen de rompre cette union... car enfin, elle est impossible.

DARCOURT. Un moyen de rompre cette union, je n'en vois pas.

SOPHIE, *perdant la tête.* Il y en a cependant, il doit y en avoir, entendez-vous?.. Si j'avais ma tête à moi... si je ne sentais pas ma raison prête à me quitter, je le trouverais ce moyen. Mais cherchez donc, monsieur, cherchez donc, vous qui avez tout votre sang-froid, vous qui restez si calme en ce moment affreux.

DARCOURT, *se levant.* La résignation de Laure prouve qu'elle a compris qu'il n'en était aucun... Imitons-la, Sophie, soumettons-nous à ce qu'il n'est pas en notre pouvoir d'empêcher.

SOPHIE. Il ne serait pas au pouvoir d'une mère de sauver son enfant !.. Ah ! je vous prouverai le contraire, monsieur... mon mari saura tout.

Darcourt fait un mouvement, mais, se remettant aussitôt.

DARCOURT. Rappelez-vous les paroles de votre fille : « Mon père en mourrait ! »

SOPHIE. Ah! mon Dieu! mon Dieu! c'est pour en devenir folle !.. Eugène, je vous en conjure, ne me réduisez pas à cette alternative cruelle, ou de perdre ma fille, ou de tuer mon époux ; ne me forcez pas à vous mépriser, vous qui avez eu mon amour... ah ! vous ne savez pas ce qu'il en coûte d'avoir à rougir de celui qu'on a aimé... Eugène, Eugène, ma fille dans vos bras! ma fille unie à l'amant de sa mère..

Elle tombe à ses genoux.

DARCOURT, *la relevant.* Plus bas... si l'on vous entendait..!

SOPHIE. Et que m'importe?... mais le temps s'écoule... partez... Que la fuite vous dérobe à un hymen que le ciel repousse... partez !

DARCOURT, *avec embarras.* Y pensez-vous? Autant vaudrait un aveu de la vérité... non, ma fuite serait votre condamnation, et je vous répète que, malgré tout, je dois vous sauver.

SOPHIE, *avec désespoir.* Toujours moi !.. c'en est trop, et je vois clair enfin dans votre ame... Oui, je vais y lire à haute voix, monsieur, tâchez de m'entendre sans que la rougeur vous monte au front ! C'est la fortune de Laure, c'est l'appât d'une dot considérable, qui fait de vous un infâme!

DARCOURT, *troublé.* Madame...

SOPHIE. Ah! j'ai frappé juste, n'est-ce pas?.. Eh! voilà l'homme à qui j'ai sacrifié mes devoirs... l'homme aux pieds duquel je viens de me traîner suppliante!... comme s'il était digne de comprendre ma douleur !... Ah ! je suis tombée bien bas!.. mais malgré vous, monsieur, je sauverai ma fille !

Elle rentre chez elle.

SCENE VIII.
DARCOURT, LAURE.

LAURE. Mon père vient de vous demander à Michel... il vous attend dans son cabinet.

DARCOURT. Je me rends près de lui.

Il prend la main de Laure, s'incline et va y poser ses lèvres.

LAURE, *avec dignité.* Oh ! laissez-moi, monsieur, laissez-moi !

Darcourt subjugué par le regard de Laure, s'éloigne en silence.

SCÈNE IX.

LAURE, *seule, s'asseyant tristement après un temps.*

Ma destinée va donc être liée à celle de cet homme... et ce sera pour la vie... mais, je l'espère, la vie ne sera pas longue pour moi, et je la quitterai sans regrets... puisque j'ai déjà dit adieu à toute illusion, à tout bonheur... (*Avec résignation.*) Allons, de la fermeté... plus de larmes... (*Elle pleure.*) Le temps s'écoule avec une lenteur... j'ai hâte que le sacrifice soit consommé, pour n'avoir plus à reculer... oh ! mais, une pensée me soutiendra... celle qu'il y va de l'honneur de ma mère. (*Elle se lève. Jules paraît à la porte du fond.* Jules !

SCENE X.
JULES, LAURE.

JULES, *froidement.* Pardon, mademoiselle..... c'est Mme Didier que je croyais trouver dans ce salon.

LAURE, *le regard baissé.* Ma mère est chez elle...... je vais lui faire dire que vous l'attendez...

JULES, *l'arrêtant du geste.* Un moment, ma cousine... puisque nous sommes seuls, puisque le hasard nous place une dernière fois en face l'un de l'autre, vous m'entendrez.

LAURE, *troublée.* De grâce...

JULES, *souriant amèrement.* Oh ! rassurez-vous, ma douleur n'éclatera pas en reproches, désormais inutiles.... je ne vous demanderai pas compte du bonheur que vous m'aviez promis... Si la blessure fut cruelle et profonde, la guérison ne se fera pas attendre... en cessant d'être pure, vous avez cessé d'être à craindre pour moi... Pour que mes regrets fussent durables, il faudrait que celle qui en est l'objet, n'eût rien perdu de mon estime... et déjà je suis calme en votre présence... et je pourrais, dès à présent, vous voir.... vous écouter, sans trouble.

LAURE, *à part, avec douleur.* Et lui aussi.... (*Haut.*) Vous avez raison, Jules, vous avez raison de me traiter ainsi.

JULES. Oh ! d'abord le coup fut terrible, tant il était inattendu...... je crus que je n'y survivrais pas !... mais je rougis bientôt de ma faiblesse... la raison m'est revenue... et j'ai compris enfin qu'un autre l'ait emporté sur moi dans votre cœur !

LAURE, *ne pouvant plus retenir ses larmes.* Ah ! Jules ! Jules !

JULES, *stupéfait.* Des larmes dans vos yeux... le désespoir sur votre visage.

LAURE, *cherchant à se remettre.* Laissez-moi...

JULES. Je ne sais plus que penser..... ce trouble...... ces pleurs, m'ont rendu toutes mes incertitudes... Est-ce le remords qui vous les arrache ? serait-ce pitié de ce que je souffre ?... Muette, éplorée... Laure, vous me cachez quelque chose... il y a entre nous un mystère qu'il ne m'est pas permis de pénétrer... Votre émotion, quelques paroles échappées à votre mère... tout me le prouve..... Oh ! dites, Laure, dites, que se passe-t-il ? mais que se passe-t-il donc ?

LAURE, *vivement.* Ah ! gardez-vous de rien croire, de rien supposer... je suis coupable... et j'allais le devenir bien plus encore en vous épousant..... oui, je vous ai trahi, méconnu... un autre a mon amour. vous le savez bien.

JULES, *l'observant avec joie et anxiété.* Laure, vous m'aimez toujours !

LAURE. Non, non..... et vous m'aviez mieux jugée tout-à-l'heure... vengez-vous de moi par l'oubli, par le dédain.... c'est tout ce que j'attends... tout ce que je mérite... mais cessez des questions auxquelles je n'ai rien à répondre... Adieu... adieu, pour jamais !

Elle s'enfuit par la porte de gauche. Sophie paraît à celle de droite; Jules s'élance au devant d'elle.

SCENE XI.
JULES, SOPHIE.

JULES, *hors de lui.* Elle est innocente, n'est-ce pas ?... elle est innocente ?

SOPHIE, *vivement.* Vous le savez !..

JULES, *poussant un cri de joie.* Il est donc vrai !

SOPHIE, *hésitant.* Oui, Laure est innocente.

JULES, *avec transport.* Ah ! comprenez-vous tout ce qu'il y a pour moi de bonheur dans ce mot !.... Ah ! répétez-le ! répétez-le encore.

SOPHIE, *accablée.* Elle est innocente.

JULES. Mais, cependant... il existe une coupable... et ce n'est pas Laure... qui donc ? qui donc ! dites ?...

SOPHIE, *se cachant le visage.* Hélas !

JULES, *reculant.* Ah !

SOPHIE, *pleurant.* C'est indigne, n'est-ce pas ?... pourtant croyez-le bien, la corruption n'était pas dans mon ame... Epouse et mère, je comprenais mes devoirs...., et je serais digne encore du respect de tous... sans les piéges dont m'entoura le dernier des hommes !

JULES, *d'une voix sombre.* Le misérable !...

SOPHIE, *continuant.* Vous n'imaginez pas quelle persévérance il mit à me perdre ! de combien de combats, je sortis victorieuse, avant de succomber. C'était une lutte continuelle, une lutte de tous les instans... Oh ! il est expert dans l'art de séduire... d'égarer un cœur.... car, malgré moi, je me sentais entraîner au charme de ses paroles.... Et moi, qui n'avais jamais aimé d'amour, je finis par le croire, je finis par l'aimer aussi.

JULES. Pauvre femme !

SOPHIE. Vous me plaignez, vous, au lieu de maudire ma faute... Mon silence, dont vous êtes si près d'être victime.... une heure... une heure, à peine, sépare mon enfant, votre femme, Jules, du malheur qui menace sa vie toute entière.

JULES, Quoi ! cet infâme oserait !

SOPHIE. Je l'ai vu... je l'ai interrogé... supplié vainement....'il se croit sûr du secret... il se trompe !

JULES. Calmez-vous... (*Avec conviction.*) Je sauverai Laure, je vous sauverai toutes deux !

SOPHIE, *avec transport.* Vous sauverez ma fille, et je n'aurai pas à rougir devant mon époux. (*Au cou de Jules.*) Ah ! merci, merci, Jules !

JULES, *avec rage.* Eugène Darcourt !.... malheur ! oh ! malheur à toi, maintenant. (*La porte du fond s'ouvre, Darcourt paraît.*) Le voici !

La porte du fond s'ouvre, Darcourt paraît.

SCENE XII.

Les Mêmes, DARCOURT.

JULES, *allant à lui.* Ah ! vous arrivez à propos, monsieur !

SOPHIE, *s'interposant.* Au nom du ciel !

DARCOURT, *en habit et se gantant.* Qu'y a-t-il ?

JULES, *baissant la voix.* Je sais tout... monsieur ! je sais tout !

DARCOURT, *qui a fait un léger mouvement.* Eh bien ! monsieur ?

JULES. Eh bien ! monsieur... je vous trouve assez infâme déjà, pour vous épargner une infamie nouvelle.

DARCOURT, *qui a réprimé un mouvement convulsif.* Je vous sais gré de l'intention.

JULES. Oh ! point de persifflage, entendez-vous ? votre approche a suffi pour me faire bouillir le sang dans les veines. Mais que vous faut-il donc, à vous, pour vous animer, que vous ne m'avez point encore jeté votre gant au visage ?

SOPHIE, *suppliante.* Par pitié !.. modérez-vous...

DARCOURT, *impassible.* C'est un duel que vous voulez ?

JULES. Un duel à mort ! un duel après lequel l'un de nous deux ira rendre compte à Dieu des actions de sa vie !... malheur donc à celui qui ne sera pas en état de paraître devant lui !..... Vous vous taisez... seriez-vous par hasard un lâche ?

DARCOURT, *froidement.* Rassurez-vous... j'accepte.

SOPHIE. Oh ! pas de duel ! pas de duel ! Jules !.. monsieur...

JULES, *avec joie.* Votre arme ?

DARCOURT, *après un léger temps.* L'épée.

JULES. Bien... nous nous verrons de plus près.

Il fait un mouvement pour sortir.

SOPHIE, *l'arrêtant.* Vous ne sortirez pas !

JULES, *à Sophie.* De grâce ! éloignez-vous.

DARCOURT, *froidement.* Vous oubliez de prendre mon jour et mon heure.

JULES, *le regardant.* Comment ?

DARCOURT, *continuant.* Mon heure, sera la vôtre... mon jour, demain.

SOPHIE, *hors d'elle.* Vous ne vous battrez pas !

JULES, *avec une fureur concentrée.* Demain !.. je vous garantis, moi, que vous vous battrez à l'instant !

DARCOURT, *froidement.* Moi, je vous garantis le contraire.

JULES. Mais, vous n'avez donc pas plus de courage que d'honneur, monsieur ?... Oh ! je saurai bien vous forcer à en avoir ; dans un moment, en présence de celle que vous avez l'impudence de prétendre nommer votre femme, en présence de son père, qui ne sera jamais le vôtre, en présence des témoins, je vous enseignerai comment on s'y prend pour donner du cœur à ceux qui en manquent.

DARCOURT. Et que croyez-vous gagner à m'insulter publiquement ?

SOPHIE. Jules, vous ne le ferez pas !

DARCOURT. Pensez-vous qu'un soupçon de lâcheté pourra m'atteindre, parce qu'il me conviendra de remettre à demain la satisfaction qu'alors j'exigerai de vous ?

JULES. Infâme !

SOPHIE. Arrêtez !.. je suis assez coupable déjà !... ce combat n'ajoutera pas à mes remords... si vous succombiez, Jules !... mais votre sang retomberait sur moi !... mais les larmes de ma fille m'accuseraient éternellement de votre mort !...(*A Darcourt.*) Et vous, monsieur, vous voulez donc que par un aveu, je jette le ridicule à la face de mon époux, de votre bienfaiteur ?.. car je le ferai cet aveu !..

DARCOURT. Non !

SOPHIE. Tant que j'ai cru à la possibilité de prévenir cet affreux mariage, et ce duel plus affreux encore, j'ai pu reculer devant la honte, j'ai pu hésiter à porter le désespoir dans l'ame du meilleur des hommes, en tuant d'un mot sa plus chère illusion, mais puisque vous m'y forcez, je parlerai !..

JULES, *ne pouvant plus se contenir.* Eugène Darcourt, vous allez me suivre, n'est-ce pas ?.. (*Eugène reste immobile.*) Mon Dieu ! l'insulte glisse donc sur lui, sans qu'il la sente !.. Mais lorsqu'un homme a été frappé au visage, il faut du sang pour laver l'empreinte que la main y a laissée... (*Levant la main.*) Eh bien !..

La porte du fond s'ouvre.

DARCOURT, *à mi-voix à Jules, dont il a*

saisi le bras levé sur lui. A demain, monsieur, à demain !..

Didier, précédé des quatre témoins, entre par le fond. Au même moment, Laure entre par la gauche ; une toilette simple a remplacé le négligé qu'elle protait aux scènes précédentes.

SOPHIE. Ciel ! mon mari !..

SCENE XIII.

LES MÊMES, DIDIER, LAURE, LES QUATRE TÉMOINS, *puis* MICHEL.

DIDIER, *froidement.* On nous attend. (*A Laure.*) Etes-vous prête ?

LAURE. Oui, mon père.

DIDIER, *à Darcourt.* Venez, monsieur.

SOPHIE, *avec agitation.* Un moment.

DIDIER, *à mi-voix.* Du courage, Sophie... imitez-moi, sachez commander à votre douleur.

JULES, *bas à Laure.* Laure, je ne souffrirai pas...

LAURE, *bas et vivement.* Silence ! celui-là qui aurait déshonoré ma mère ne serait jamais mon époux.

JULES, *bas.* Mais, je vous perds !

LAURE, *de même.* Silence ! je vous l'ordonne !

DIDIER, *à mi-voix, à Laure dont il s'est approché.* Avant de partir, n'avez-vous rien à dire à votre mère ?

Laure hésite, paraît craindre, puis s'avance vers Sophie, dont l'émotion redouble à chaque instant.

LAURE, *s'agenouillant.* Votre bénédiction, ma mère !

SOPHIE. Je te bénis !.. et je te sauve. (*Haut.*) Arrêtez !..

LAURE, *bas et vite.* Ma mère !..

SOPHIE, *avec égarement.* Arrêtez !.. ce mariage... Laure !..

Elle succombe à son émotion, et tombe sans connaissance dans les bras de Didier, qui la place sur un fauteuil ; on s'empresse autour d'elle.

DIDIER. Evanouie !

Il sonne. Les femmes de Sophie accourent.

LAURE, *à part.* Sauvée !... je te rends grâce, ô mon Dieu !

DIDIER. Ce n'est rien... la faiblesse.... l'émotion.... (*Aux femmes.*) Là, dans sa chambre.

MICHEL, *entrant par le fond.* On fait prévenir monsieur qu'il est attendu depuis long-temps.

DIDIER, *contrarié.* C'est bien.

LAURE, *hésitant.* Vous entendez... venez, mon père, on nous attend...

DIDIER, *à mi-voix.* Un tel empressement,

quand votre mère... je vous connais maintenant, et Dieu vous jugera !

LAURE, *à part.* Bientôt, je l'espère !

DIDIER. Partons.

Les femmes ont transporté Sophie dans sa chambre. Didier, Laure et Darcourt sortent par le fond. Jules, muet et accablé, reste en scène avec Michel.

SCENE XIV.

MICHEL, JULES.

Jules est sur un fauteuil. Michel, resté au fond, le contemple avec tristesse.

MICHEL, *à part.* Pauvre jeune homme ! comme il l'aime encore, et comme elle eût été heureuse avec lui ! quel cœur elle a repoussé !

Il essuie ses larmes.

JULES, *à lui-même.* Innocente... et cependant, perdue pour moi... perdue sans retour. . sans espoir... Muet, et cloué à cette place par un seul mot, par un regard d'elle ; il m'a fallu la voir s'éloigner avec lui... et je ne l'ai pas tué cet homme !.. et cependant il m'emportait mon trésor, mon bien le plus précieux... et je ne l'ai pas tué !.. O mon Dieu ! mon Dieu !

Il pleure.

MICHEL, *à part.* Comme il souffre !

JULES, *continuant.* Et c'est quand elle se montre à moi, si digne de mon admiration et de mon amour, qu'il me faut renoncer à elle... Mais le ciel, lui-même, se déclare donc contre nous, pour avoir arrêté la vérité sur les lèvres de sa malheureuse mère !

MICHEL, *s'avançant.* Monsieur Jules... il ne m'entend pas.

JULES. Quelques minutes encore, et tout sera fini !..

MICHEL, *près de lui.* Monsieur Jules.

JULES, *tristement.* Ah ! c'est toi, Michel, c'est toi, mon vieil ami...

MICHEL, *avec émotion.* Oh ! oui, votre ami... votre ami... monsieur Jules, croyez-moi, ne restez pas ici plus long-temps.... trop de choses vous la rappellent... et puis, la mairie n'est qu'à deux pas de cette maison ; dans un instant ils seront de retour... venez avec moi... venez... nous pleurerons ensemble.

JULES, *lui tendant la main.* Bon Michel !

SOPHIE, *dans la coulisse.* Laissez-moi !.. laissez-moi !

JULES. C'est la voix de Mme Didier !..

MICHEL, *à la porte de droite.* Elle se débat au milieu de ses femmes... elle leur échappe !

SOPHIE, *dans la coulisse.* Restez, je vous défends de me suivre.

Eperdue, en désordre, elle se jette en scène.

SCENE XV.

LES MÊMES, SOPHIE.

SOPHIE. Où sont-ils ? où sont-ils ? (*Saisissant le bras de Jules.*) Mais, répondez-moi donc !

JULES. Partis !

SOPHIE, *poussant un cri.* Ah ! conduisez-moi... conduisez-moi.. par où ?.. je ne vois plus...

MICHEL, *suppliant.* Madame, je vous en conjure !..

SOPHIE, *apercevant la porte.* Ah !

Elle s'élance à la porte du fond, et l'ouvre. Didier est sur le seuil.

SCENE XVI.

LES MÊMES, DIDIER.

SOPHIE, *reculant à sa vue.* Seul !

JULES, *à part.* Il est trop tard !

SOPHIE. Et ma fille ! ma fille ! où est-elle !.. où est ma fille ?

DIDIER. Sur la route de Paris.

SOPHIE. Elle est donc...

DIDIER. Mariée.

SOPHIE. Mariée !.. ah ! malheur, malheur sur moi !.. (*Avec désespoir.*) Qu'avez-vous fait, monsieur ?... elle était innocente !..

DIDIER. Grand Dieu !

Tableau.—La toile tombe.

ACTE TROISIÈME.

La scène se passe à Paris, dans l'hôtel de Verdier. Le théâtre représente un salon commun, donnant sur un jardin, et conduisant à divers appartemens de l'hôtel. Porte et fenêtres au fond. Portes latérales, deux à gauche, conduisant, celle du premier plan, chez Darcourt; celle du deuxième plan, à une chambre, qui n'est pas occupée. Une à droite, au premier plan, conduisant chez Laure. Une table couverte de brochures et de journaux.

SCENE PREMIERE.

DARCOURT, *sortant de la porte à gauche du premier plan ;* LAURE, *assoupie dans un fauteuil.*

DARCOURT. Déjà hors de chez elle ! (*Il s'avance.*) Endormie !.. et telle que je l'ai laissée , il y a quelques heures , à notre arrivée.... elle sera demeurée là, effrayée de moi sans doute, et luttant contre le sommeil !... le sommeil l'a emporté..... pauvre jeune fille.

LAURE , *rêvant.* Oui, Jules... à toi.. toujours !... Maman !... voici mon père.. Sauvez-vous !... Ce n'est pas toi, Jules... c'est lui... que j'aime... Monsieur , monsieur... n'approchez pas ! (*Elle s'éveille ; apercevant Darcourt.*) Ah !... (*à peine remise et se levant.*) Que voulez-vous ?

DARCOURT. Ne craignez rien... pourquoi ne pas vous être retirée dans votre appartement ?

LAURE. J'avais peur de m'endormir..... je ne voulais pas !

DARCOURT. Ne vouloir prendre aucun repos.

LAURE. La fatigue m'a fait succomber... mais du repos , je n'en aurai plus.

DARCOURT. J'entends..... près de moi, n'est-ce pas , qui vous suis trop odieux.

LAURE. Je sens là plus de regrets que de haine, monsieur.

DARCOURT. Malgré tout ce que vous souffrez pour moi !

LAURE. Pour vous... non! mais pour mon père, pour ma mère... Oh ! c'est envers eux que vous êtes coupable, bien coupable !.. ils vous avaient reçu avec tant de confiance , et vous avez porté le trouble parmi eux !..... vous les avez trahis, pour avoir cru à votre loyauté ! vous leur avez pris toute joie et tout bonheur, vous leur avez pris leur fille enfin !... et je conçois qu'ils vous haïssent, eux... et Jules, qui vous accuse de ma perte !... mais, moi, dois-je vous haïr, quand c'est moi, qui ai voulu que cela fût ainsi ?... Ce que nous avons fait n'est pas votre crime... je suis votre complice..., je ne me plaindrai pas pourvu que vous me laissiez pleurer, monsieur... je suis si malheureuse !

DARCOURT. Tant de douleur et tant de résignation !... point de reproches... point de courroux... peur et mépris, voilà donc tout ce que je vous inspire !

LAURE. Que vous importe ? je ne vous suis rien... je ne vous serai jamais rien...

DARCOURT. Jamais ?..

LAURE. Que vous vous soyez servi de moi, comme d'un moyen de salut, comme d'un moyen de fortune... soit !.. vous avez échappé au péril... ma fortune vous appartient, mais, non pas moi, songez-y ! je ne suis votre femme que de nom.

DARCOURT. Je ne l'oublierai pas.

LAURE. Rien de commun entre nous.... n'ayez donc pas souci de ma haine ou de mon dédain, c'est à vos propres yeux que vous devez vous relever !... quant à moi, si, seule et près de vous, je n'ai pu me défendre d'abord d'un sentiment de terreur, je me retrouve à présent plus forte... en ce moment, monsieur, je ne vous crains plus !

DARCOURT. Laure...

LAURE. Permettez que je me retire...

DARCOURT. Chez vous.

LAURE. Oui, chez moi...

Darcourt s'incline devant Laure, qui rentre dans sa chambre.

SCENE II.

DARCOURT, *seul*.

Lâche et cupide, voilà comme elle me juge. J'ai échappé au péril... sa fortune m'appartient... je dois être satisfait selon elle.. Et moi aussi, je pensais hier que la richesse me suffirait, me tiendrait lieu de tout... Eh bien ! non ! la voix de cette jeune fille a réveillé ce qu'il y avait d'honneur assoupi dans mon ame. Aux rayons de sa vertu, de son dévouement, s'est réchauffé mon cœur glacé d'égoïsme.... et voilà que j'éprouve un besoin nouveau pour moi, le besoin de l'estime... A tout prix, il faut que je regagne la sienne... il faut que je redresse le front en sa présence... Oh ! combien j'étais misérable et petit, en face de cette sublime enfant !

SCENE III.

VERDIER, DARCOURT, *entrant par le fond*.

VERDIER. Je venais prendre les ordres de monsieur.

DARCOURT. J'allais sortir, mais puisque vous voilà, dites-moi, monsieur Verdier, je remarquais ce matin que ce corps de bâtiment est séparé par le jardin du reste de l'hôtel... pouvez-vous mettre ce pavillon exclusivement à ma disposition pendant une quinzaine de jours, jusqu'à ce que ma maison soit montée?

VERDIER. Désolé de vous refuser.

DARCOURT. Pourquoi refuser? Je louerais pour moi seul tout ce qui dépend du salon.

VERDIER. Impossible, monsieur. C'est précisément ici que se réunissent mes habitués, pour causer, ou pour lire.

DARCOURT. Diable !

VERDIER. Pour le moment, vous n'en serez point gêné; je n'ai presque personne, mais d'un moment à l'autre...

DARCOURT. Allons, n'en parlons plus.

Il se dispose à sortir.

VERDIER. Monsieur sera-t-il long-temps dehors ?

DARCOURT. J'ai diverses emplettes à faire.... je ne sais... Je vous recommande ma femme. Arrivée si avant dans la nuit, et puis, trente lieues en chaise de poste... elle a besoin de repos... qu'on ne la dérange pas... les plus grands soins, les plus grands égards, je vous prie.

VERDIER. Soyez tranquille, monsieur.

Darcourt sort.

SCENE IV.

VERDIER, *seul*.

Le singulier homme avec ses demandes et ses recommandations... Des égards, comme si l'on avait envie d'en manquer envers une femme... une femme ! D'ailleurs, celle-ci m'intéresse... sa gentillesse, son air de souffrance, tout cela pique ma curiosité... Et puis, monsieur à droite, et madame à gauche, et enfermée, cela n'est pas naturel.

SCENE V.

MICHEL, DIDIER, VERDIER.

Ils sont introduits par un domestique de l'hôtel, qui
leur indique Verdier, et sort.

VERDIER *à Didier.* Monsieur préfère cette
partie de l'hôtel ?

DIDIER. Peu m'importe.

VERDIER. Monsieur désire-t-il voir ce
qui y reste de libre !

DIDIER. Peut-être.

VERDIER. Si monsieur compte faire un
long séjour ?

DIDIER. Pardon.... Pourriez-vous me
répondre au lieu de m'interroger ?

VERDIER. J'écoute.

DIDIER. Il est arrivé cette nuit de
Rouen ?...

VERDIER. Un jeune homme avec sa femme? Oui, monsieur.

DIDIER. M. Darcourt, n'est-ce pas ?

VERDIER, *hésitant.* Mais...

DIDIER. N'hésitez pas. Puisque je vous
le nomme, il n'y a pas de mystère... c'est
tout simplement pour m'assurer que c'est
bien ici qu'il est descendu?

VERDIER. C'est ici... et cet appartement
est le sien.

DIDIER. Annoncez-moi.

VERDIER. M. Darcourt est sorti.

DIDIER. Sorti !

VERDIER. Il n'y a qu'un instant.

DIDIER. Et sa femme ?

VERDIER. Elle est là.

DIDIER. Elle est là ?

VERDIER. Mais, monsieur lui-même ne
l'a pas vue ce matin. Il a voulu respecter
son repos, et m'a bien recommandé d'y
veiller.

DIDIER. Je ne le troublerai pas non
plus. M. Darcourt doit-il rentrer bientôt ?

VERDIER. Je l'ignore.

DIDIER. Maintenant, logez-moi.... La
première chambre venue me conviendra...
pourvu que je sois près de M. Darcourt.

VERDIER, *indiquant la deuxième porte à
gauche.* Celle-ci fera sans doute votre af-
faire.

DIDIER. Très-bien ; je la prends... Michel, vas-y déposer mon bagage.

Michel reprend un porte manteau qu'il avait déposé
en entrant, et se dirige lentement et avec tristesse
vers la chambre du deuxième plan, d'où il ressort
presque aussitôt.

VERDIER. Monsieur a-t-il autre chose à
faire apporter ?

DIDIER. Pas autre chose... Mon vieux
Michel, suis monsieur... je le charge de
toi. Tu dois avoir besoin de prendre des
forces.

MICHEL. Je n'ai besoin de rien.

DIDIER. Allez, allez... (*A Verdier.*) Un
mot encore. Y a-t-il un notaire près
d'ici ?

VERDIER. Dans cette rue même. Faut-
il le faire venir ?

DIDIER. Assurez-vous seulement qu'i
peut me recevoir ; j'irai le trouver.

SCENE VI.

LES MÊMES, JULES.

JULES, *à Verdier en entrant.* M. Darcourt?

VERDIER, *à part.* Encore! (*Indiquant
Didier.*) Monsieur l'attend.

DIDIER. Jules !

JULES. Mon oncle !

DIDIER, *à Michel et à Verdier.* Laissez-
nous.

Sortent Michel et Verdier.

SCENE VII.

JULES, DIDIER.

DIDIER. Tu savais donc où le rencon-
trer ?

JULES. J'ai rendez-vous avec lui. C'est
pour vous battre aussi que vous êtes venu...

DIDIER. Oui, pour me battre.

JULES. J'arrive à temps !

DIDIER. A temps ?

JULES. Pour réclamer cet homme qui
m'appartient?

DIDIER. Que veux-tu dire ?

JULES. Nous avons échangé, Darcourt
et moi, injure contre injure, haine contre haine... ce sont les arrhes d'un marché de sang. Nous ne sommes plus libres
l'un ni l'autre ; je suis à lui comme il est
à moi !

DIDIER. Eh! n'est-il pas à moi d'abord
et avant tout? Que sont tes droits, enfant,
auprès de ceux qu'il m'a donnés? Quel est
cet échange qui vous lie, auprès de l'échange
qui s'est fait entre nous et qui nous lie
bien davantage? Haine contre haine, dis-
tu, injure contre injure !... vous êtes quit-
tes, au besoin, tous deux !... mais il ne
me doit, à moi, que du bien ; mais je ne

lui dois que du mal, et notre compte se réglera le premier, s'il vous plaît!

JULES. Fiez-vous à mon bras, mon oncle, et laissez-moi le soin de régler votre compte et le mien à la fois.

DIDIER. Non pas! la vengeance ne m'appartient pas moins que l'outrage... Est-ce toi qui l'as reçu comme un parent, comme un ami, et dont il a payé l'hospitalité par la séduction de ta femme et le malheur de ta fille? Est-ce toi dont la confiance n'a été égalée que par sa trahison? A-t-il couvert ton nom d'opprobre? a-t-il flétri ton honneur?

JULES. Votre honneur est le mien, mon oncle! et la cause que je veux défendre, est la nôtre! Ne suis-je pas trahi, comme vous, dans ce que j'ai de plus cher au monde? s'il a séduit votre femme, ne m'a-t-il pas volé la mienne? Laure enfin, sa victime, votre fille dévouée, n'est-elle pas du moins restée ma sœur?... Eh bien! la délivrance de la sœur regarde le frère!

DIDIER. La délivrance de la fille regarde le père!

JULES. Mais si elle est impossible pour vous...

DIDIER. Impossible!.... rassure-toi : mon bras sait encore diriger une épée.

JULES. Ce n'est point la force, je le sais, c'est le duel lui-même qui vous manquera.

DIDIER. Comment?...

JULES. Oui, le duel... le duel avec votre gendre.

DIDIER. Mon gendre!

JULES. Sans doute. Espérez-vous obtenir un pareil combat, et comptez-vous que votre adversaire ne s'abritera pas de votre âge, ne se retranchera pas derrière votre parenté? D'ailleurs le sublime sacrifice que Laure a fait à sa mère, et pour vous, deviendra-t-il inutile, par vous?.. Prenez-y garde, mon oncle! ce serait faire dire que c'est l'époux et non le père qui s'est vengé; ce serait dévoiler notre secret que de vous armer contre le mari de votre fille.

DIDIER. Le mari de ma fille! il est vrai... mais que m'importe, pourvu que le misérable périsse de ma main!

JULES. Eh bien! si rien ne peut vous convaincre ni changer votre résolution, je ne céderai pas davantage, mon oncle...

DIDIER. Qu'entends-je!

JULES. Non, je ne vous quitte pas... vous attendez M. Darcourt... et moi aussi, je l'attendrai! et, quand il va venir, il choisira! nous verrons s'il est aussi lâche qu'il est infâme, et si des deux adversaires, qu'il va trouver là, il prendra le vieillard,

son bienfaiteur, de préférence au jeune homme, son rival!

DIDIER, à part. Ciel! ce ne serait pas moi... (Haut.) Allons... Jules... je le vois; ta décision est bien prise... tu ne renoncerais pas à l'accomplissement de ton projet...

JULES. Oh! non.

DIDIER. Quand devais-tu te battre?

JULES. Demain.

DIDIER, à part. Demain! (Haut.) Eh bien! sois satisfait... je cède.

JULES, avec feu. Merci, mon oncle, merci!..

DIDIER. Demain, j'y consens, croise le fer avec lui... Mais tu réponds de me le tuer!

JULES. J'en réponds. (A part.) A moi Darcourt!

DIDIER, à part. Darcourt à moi!

●●●●●●●●●●●●●●●●●●●●●●●●●●●●●●●●●●●●●●●

SCENE VIII.

LES MÊMES, LAURE, *sortant de sa chambre*.

JULES, *vivement*. Laure!

LAURE, *stupéfaite*. Jules et mon père ici!

DIDIER, *à voix basse et à lui-même*. Laure!... mon enfant!... je la revois...

Il devient tremblant et peut à peine se soutenir.

JULES, *s'approchant de Laure qui est demeurée immobile*. Ne craignez plus de lever les yeux sur moi, Laure.... ils ne rencontreront dans les miens que l'expression de l'intérêt le plus tendre et le plus dévoué... (*Étonnement de Laure, qui n'ose lever les yeux sur lui.*) Je n'ai de reproches ni dans le regard, ni dans le cœur, allez!... car il me reste un titre auquel je ne renoncerai jamais, que nulle puissance ne saurait m'ôter..... celui de votre ami!.. Et ce titre-là m'impose des devoirs que je veux remplir. (*Il lui baise respectueusement la main.*) Au revoir, Laure ; à bientôt, mon oncle!

Il sort.

●●●●●●●●●●●●●●●●●●●●●●●●●●●●●●●●●●●●●

SCENE IX.

DIDIER, LAURE.

Quelques instans de silence.

DIDIER, *à part, avec émotion*. Seul avec elle... O mon Dieu! fais qu'elle m'aime encore!

LAURE, *à part, avec larmes*. Ah! qu'il

est affreux d'avoir perdu l'estime et l'amour de son père!

DIDIER, *à part*. Elle n'ose m'aborder.... et moi... je ne puis que pleurer.

L'émotion le domine, il pleure.

LAURE. *Elle s'est tournée timidement vers Didier.* Cette émotion... ces pleurs... Je ne m'abuse pas!..

DIDIER, *avec effusion, lui tendant les bras.* Laure!

LAURE, *avec l'expression du doute.* Plus de courroux?... Dans vos bras?

DIDIER, *avec larmes.* Ma fille!

LAURE. Ah!... vous savez donc?...

DIDIER. Tout!

LAURE, *avec désespoir.* Ma mère! oh! ma pauvre mère!

DIDIER, *tombant à genoux devant elle.* Pardon, pardon!..

LAURE, *vivement.* Que faites-vous?

DIDIER, *pleurant.* Je m'abaisse devant toi, généreuse martyre!... grâce!..

LAURE. Grâce à vous, mon père!..

DIDIER. Oui, grâce!.... pardonne à ton père de t'avoir méconnue...noble enfant... pardonne-lui de t'avoir si long-temps outragée!..

LAURE, *le relevant.* Vous à mes pieds!

DIDIER, *l'embrassant.* Viens donc sur mon cœur.

LAURE, *pleurant aussi.* Sur votre cœur, mon père!... Oui, c'est là qu'est ma place, c'est ainsi que je puis être encore heureuse.

DIDIER. Heureuse, toi? quand tu t'es condamnée à subir le joug d'un hymen odieux?

LAURE, *avec douleur.* Et je n'ai pas, à ce prix, acheté ton repos et l'honneur de ma mère!

DIDIER. Hélas!

LAURE, *pleurant.* C'est là mon seul regret... car, je le sens, perdue à tes yeux, aux yeux de Jules, je me serais refait une félicité; j'aurais trouvé consolation dans la conscience de ma tendresse filiale.... Mais avoir sacrifié tout pour sauver ma mère, et ne l'avoir pas sauvée!...

DIDIER. C'est horrible!.. mariée!.. mariée à Eugène Darcourt!.. enchaînée à cet homme, à ce lâche... qui n'a épousé que ta fortune!

LAURE. Ma fortune est à lui, qu'il en dispose, si c'est là ce qu'il voulait avec ma main... Mais mon cœur, mon cœur n'appartient qu'à Jules, je saurai le garder à Jules!...

DIDIER. Toujours, n'est-ce pas?

LAURE. Toujours, mon père!

DIDIER. Malheur, ah! malheur, si Darcourt se croyait quelques droits sur ce dépôt sacré!

LAURE. Plutôt mourir!...

DIDIER. Mais aimer et être aimée sans espoir, voilà quel serait le partage de mon enfant! voilà l'avenir qui lui serait réservé! Non, Laure, non, ce n'est pas tout de te plaindre et de t'admirer, je t'affranchirai de cette servitude, et je te rendrai toute joie et toute liberté... Entends-tu, Laure, entends-tu, ce que je te promets là?

LAURE. C'est ce qui ne dépend que de Dieu, mon père.

DIDIER. Et Dieu me secondera!

LAURE, *effrayée.* Je tremble de te comprendre... Oh! pas de duel, pas de rencontre avec lui! cet homme est habile à tuer.

DIDIER. Oh! je ne crains rien.

LAURE. Ton projet, quel est-il?

DIDIER. De reconquérir ton bonheur.

SCENE X.

Les Mêmes, MICHEL.

MICHEL. Monsieur, je sors de chez le notaire, dont on vous avait parlé. Il vous attend.

DIDIER. Bien, j'y cours.

LAURE. Un notaire?

DIDIER. Oui, quelques avis à prendre, et je reviens... Tu m'as pardonné, n'est-ce pas?

Il embrasse sa fille et sort par le fond.

SCENE XI.

MICHEL, LAURE.

LAURE, *à Michel.* Ma mère?...

MICHEL, *la contemplant avec émotion.* Ah? mademois.... non, madame... que c'est beau, ce que vous avez fait là!..

LAURE, *vivement.* Donne-moi des nouvelles de ma mère... Tu es le seul, Michel, à qui j'en ose demander.

MICHEL. Votre mère!.... En apprenant votre mariage, elle ne put retenir le cri de sa douleur... Elle s'accusa... et bientôt monsieur et moi, nous suivions vos traces sur la route de Paris.

LAURE. Mais elle?

MICHEL. Sans doute elle ne tardera pas à nous rejoindre. Et puisse-t-elle arriver à temps, pour prévenir un nouveau malheur ! Car pourquoi vous le cacher ? Si monsieur conserve un calme apparent et garde un morne silence, il y a sous ce calme et dans ce silence du désespoir et des menaces.

LAURE. Des menaces ?..

MICHEL. Il est outragé, et nous apportons des armes... c'est donc un duel qu'il vient chercher...

LAURE. Avec M. Darcourt ?

MICHEL. Et c'est un duel à mort !

LAURE. Oh ! c'est épouvantable à penser, Michel !.. Mais ce combat n'aura pas lieu... je saurai bien l'empêcher. A force de prières, de larmes, je ferai tomber leur ressentiment ; je prierai l'un pour l'autre, oui, s'il le faut, je prierai pour M. Darcourt... que sais-je, moi ?. Et quand je devrais me jeter entre leurs épées...

MICHEL, apercevant Darcourt qui entre. M. Darcourt !

LAURE, vivement. Laissez-nous.

Michel se retire après l'entrée de Darcourt.

ooooooooooooooooooooooooooooooooooooooo

SCENE XII.

LAURE, DARCOURT.

LAURE, à Darcourt. Ah ! jurez-moi, monsieur, jurez que vous ne tuerez pas mon père !

DARCOURT. Votre père, madame ?

LAURE. Arrivé avec Michel..... ici même... instruit de tout !...

DARCOURT. M. Didier !

LAURE. Il vous provoquera !

DARCOURT. Lui, votre père !

LAURE, d'un ton solennel. Et le mari de ma mère, monsieur !...

DARCOURT. Je ne puis répondre de ne pas tenir l'arme qu'on me présentera, mais je puis répondre de ne pas la rendre meurtrière... et si la mort de l'un de nous est inévitable, rassurez-vous encore ! Oh ! je suis devenu tout autre que je n'étais... Vous n'avez plus devant les yeux cet homme d'hier, usurpant le titre de votre époux, sans scrupule et sans remords !... ce titre que je ne mérite pas, il me pèse à présent. A tout prix, je m'en suis, hier, emparé, à tout prix je le rendrais à cette heure...

LAURE. Ce langage...

DARCOURT. Il est sincère, madame, et puissé-je bientôt payer de tout mon sang un peu de votre estime... Je n'ai pas d'autre but, d'autre ambition aujourd'hui....

LAURE. Prouvez-le donc... fuyez !.. fuyez à l'instant... quittez Paris, la France, s'il le faut...

DARCOURT. Fuir !... quand il vient à moi offensé et menaçant ?...

LAURE. Vous hésitez ?...

DARCOURT, à part. Et mon duel avec ce Jules !... que pensera-t-il de moi, lui ?

LAURE. Eh bien ?...

DARCOURT. Fuir !... ne l'espérez pas... je ne le puis.

LAURE. Vos promesses, monsieur !... j'en appelle à vos promesses... Si vous voulez que je croie aux paroles que vous m'avez fait entendre... cédez, monsieur !... cédez à mes instances... vous me devez bien cela... Partons, monsieur, je vous en supplie !

DARCOURT, cédant à moitié. Eh bien !...

LAURE, avec joie. Eh bien ! monsieur ?...

DARCOURT, à part. Quelques lignes à Jules, et notre duel ne sera que partie remise... Vous le voulez... nous partirons.

LAURE, elle agite violemment un cordon de sonnette. Avant une heure, nous pouvons être hors Paris.

DARCOURT. Le temps d'écrire une lettre indispensable, et je suis à vous. (A Michel qui entre par le fond.) Michel, des chevaux dans une demi-heure.

Il entre chez lui. Michel sort.

ooooooooooooooooooooooooooooooooooooooo

SCENE XIII.

LAURE, seule.

Une demi-heure au moins avant l'arrivée des chevaux !... attendre une demi-heure... que c'est long !... quand il y a tant de crainte, et si peu d'espoir !... ah ! c'est un horrible supplice !... (Prêtant l'oreille.) Un bruit de pas dans le jardin ?... oui... l'on approche... (Elle entr'ouvre la porte du fond.) Ciel ! mon père... Tout est perdu !... Mon Dieu ! mon Dieu ! je n'espère plus qu'en toi !

Elle entre chez elle.

SCENE XIV.

DIDIER, *seul.*

Mes dispositions sont faites... Je puis mourir, maintenant... mourir!... et la vengeance!... Ah! l'infâme! l'infâme! celui qui nous a tous faits si malheureux!.. Pas de duel!.. pas de rencontre avec lui, parce qu'il est habile à tuer! Oh! mais ma main n'est pas encore impuissante à venger une offense... mon sang n'est pas encore glacé par l'âge... Tu ne me tueras pas, Eugène Darcourt!.. je suis aussi jeune, aussi fort que toi.... tu l'apprendras bientôt!... (*Frappé d'une idée.*) Mais... j'y pense... tout-à-l'heure... dans la cour... cette chaise de poste... je l'ai reconnue... c'est la leur!... ma proie voudrait-elle m'échapper?... Ah! je suis là! je suis là!

SCENE XV.

DIDIER, JULES.

JULES, *entrant.* Mon oncle! j'apprends à l'hôtel que vous êtes de retour... je vous cherchais.

DIDIER. Qu'y a-t-il?

JULES. Je soupçonne une perfidie, une lâcheté!... Des chevaux de poste viennent d'arriver, et l'on a prononcé le nom de Darcourt...

DIDIER, *avec force.* Il est donc vrai!... mais où se cache-t-il donc, cet homme?...

JULES. Là, chez lui, se préparant sans doute à fuir.

DIDIER, *à part.* Là!.. si près de moi!.. et ma haine ne l'a pas deviné... (*Haut.*) Et... que prétends-tu faire?...

JULES, *à part.* La présence de Laure rendrait maintenant notre combat impossible...

DIDIER. Eh bien?...

JULES. Dans un instant je serai à cheval... je me tiendrai à quelque distance de l'hôtel; et sa chaise de poste, dût-elle l'emporter au bout du monde, je le suivrai, je ne le perdrai pas de vue une seule minute, je m'attacherai à lui comme son ombre; et c'est quand il se croira à l'abri de ma justice, et quand aucune intervention ne pourra plus venir se jeter entre nous, qu'alors je lui apparaîtrai!

DIDIER, *dissimulant sa joie.* Bien...bien... va... il ne faut pas qu'il te trouve sur son passage.

JULES. Éloignez-vous aussi... jusqu'au jour de la réparation, rien ne doit troubler sa sécurité.

DIDIER. Hâte-toi... mais avant! Jules!.. sur mon cœur!

Il lui ouvre ses bras, Jules s'y jette.

JULES. Comptez sur moi! bientôt nous serons tous vengés!

Il sort précipitamment. Au même instant, Verdier entre.

SCENE XVI.

DIDIER, VERDIER, *puis* LAURE.

DIDIER, *à Verdier, brusquement.* Que voulez-vous?..

VERDIER. Avertir M. et Mme Darcourt qu'ils pourront partir quand ils le voudront.

DIDIER. M. Darcourt!.. il ne part pas, lui!

VERDIER. Alors, qui donc accompagnera cette dame?.. ce jeune homme qui sort d'ici, peut-être?..

DIDIER. Oui, ce jeune homme qui sort d'ici... Mais prévenez vite madame Darcourt...

VERDIER. Sur le champ...

Il entre chez Laure.

DIDIER, *resté seul.* Il est à moi! mais elle va traverser ce salon... je l'entends...

Il entre dans sa chambre.

VERDIER, *reparaissant suivi de Laure. Il porte des cartons.* Venez, Madame, votre cavalier est déjà en bas qui, vous attend.

LAURE, *s'avançant avec crainte.* Il n'est plus là!.. Oh! ne perdons pas un instant!..

Elle sort, ainsi que Verdier par le fond. Didier reparaît aussitôt, avec des épées et une boîte de pistolets.

SCENE XVII.

DIDIER, *puis* DARCOURT.

DIDIER, *plaçant les épées et les pistolets sur un guéridon.* A nous deux maintenant!.... à nous deux!.... (*Bruit de voiture.—Il s'approche de la fenêtre.*) Une voiture!.. une femme en descend!.. Sophie!.. (*Il va à la porte du fond, pousse les verroux; puis, redescendant en scène.*) Vous tardez bien, Eugène Darcourt!.. me faudra-t-il donc vous aller chercher!... (*Bruit à gauche.*) Ah! enfin!..

Il s'éloigne et se tient à l'écart; la porte de gauche s'ouvre, Darcourt paraît, il tient une lettre.

DARCOURT, *en entrant.* Les chevaux doivent être arrivés... cette lettre à M. Lagrange, et... (*Reculant à la vue de Didier.*) Monsieur Didier!..

DIDIER, *s'élançant près du guéridon où sont ses armes, et les montrant à Darcourt.* Choisissez, monsieur! choisissez vite!

Moment de silence.

DARCOURT, *interdit.* Des armes!.. Mais encore, monsieur, faudrait-il?..

DIDIER, *baissant la voix.* Oh!.. je n'ai ni le temps, ni la volonté de discourir... choisissez!.. choisissez!..

DARCOURT. Monsieur... écoutez-moi.

DIDIER. Non, vous dis-je, non!.. je n'ai rien à entendre d'un Eugène Darcourt!

DARCOURT, *vivement.* Monsieur! (*Se modérant.*) Monsieur...

DIDIER. Oui, vous avez raison... plus bas!... car si votre voix arrivait au dehors... si nous entendions seulement heurter à cette porte... avant qu'elle n'eût cédé!..

DARCOURT. Eh bien?..

DIDIER, *menaçant.* Je me serais fait justice!

Il lui saisit le bras.

DARCOURT. Malgré vous, je saurai bien éviter ce combat.

DIDIER. Oh! non pas!... (*Darcourt cherche à se dégager.*) Vains efforts!.. ma haine a transformé cette chambre en un tombeau qui ne se rouvrira que pour l'un de nous!

DARCOURT. Mais vous n'y pensez pas... un duel ici!.. sans témoins.

DIDIER. Nous aurons Dieu pour témoin et pour juge, Eugène Darcourt.

DARCOURT. Me battre avec vous! non... non! je ne puis.

DIDIER. Quand on n'a pas reculé devant l'injure, on ne doit pas reculer devant la réparation!.. Allons, monsieur!..

DARCOURT. Vous êtes le père de Laure... ce titre me défend de mettre vos jours en péril.

DIDIER, *d'une voix sourde.* Il n'y a ici

que l'époux de Sophie! entendez-vous, monsieur, l'époux de Sophie!

DARCOURT. Je ne me battrai pas.

DIDIER, *saisissant les épées, et en jetant une aux pieds de Darcourt.* Ramasse cette épée, ou du plat de la mienne je te châtie comme un lâche!..

Il lève le bras.

DARCOURT, *reculant d'un pas.* Arrêtez!

DIDIER. En garde donc!

DARCOURT, *ramassant l'épée.* J'ai fait ce que j'ai dû... vous le voulez. (*Se mettant en garde.*) Je vous attends.

DIDIER, *l'imitant.* Enfin!..

Ils croisent le fer, Didier porte plusieurs coups à Darcourt, qui se contente de parer; ils s'observent tous deux dans un profond silence; Darcourt est touché au bras, il fait un mouvement, et s'arrête.

DIDIER. Défendez-vous donc, monsieur.

DARCOURT. Je suis blessé...

DIDIER. Blessé!..

DARCOURT. Mon sang coule, vous devez être satisfait...

DIDIER, *avec force.* Satisfait!.. Oh! ce n'est pas ainsi que cela doit se terminer entre nous... vous n'en serez pas quitte à si bon marché, monsieur! oubliez-vous qu'un seul doit sortir vivant d'ici?.. défendez-vous!...

DARCOURT, *essayant.* Ma main se refuse à tenir mon épée... la chance n'est plus égale...

DIDIER, *saisissant de la main gauche son épée par le milieu de la lame, et s'en frappant le bras droit.* Eh bien! la chance est égale maintenant!

DARCOURT. Que faites-vous?

DIDIER. En garde, monsieur, en garde!..

Le combat recommence; bruit au dehors.

JULES, *à la porte du fond, qu'il agite violemment.* Fermée!

SOPHIE *et* LAURE, *en dehors.* Arrêtez! arrêtez!

SOPHIE. Au nom du ciel, monsieur... cessez cet affreux combat!

LAURE. Mon père! par pitié!..

Jules, avec les autres personnages qui sont en dehors brise la porte du fond, et entre dans le salon à l'instant où Darcourt tombe.

SOPHIE. Trop tard!

JULES, *posant la main sur le cœur d'Eugène Darcourt.* Mort!

SCENE XVIII.

LES MÊMES, SOPHIE, LAURE, MICHEL, VERDIER.

LAURE, *dans les bras de Didier.* Mon père !..

SOPHIE. Du sang... blessé... oh! malheureuse...

JULES. Qu'avez-vous fait, mon oncle !

DIDIER, *froidement.* J'ai usé de mes droits.

Michel et Verdier sont penchés sur le corps de Darcourt. Moment de silence et d'immobilité, après lequel Sophie s'approche de Didier et tombe à genoux devant lui.

LAURE, *suppliante et les mains jointes.* Mon père !..

Les regards de Jules et de Michel implorent aussi pour Sophie. Nouveau silence; combat chez Didier.

DIDIER, *tendant la main à Sophie.* Je suis assez vengé... car j'ai donné la mort à un homme (*baissant la voix*) et vous avez rougi devant votre fille !

SOPHIE, *se cachant le visage.* Ah !..

Didier tient Laure dans ses bras.

Tableau.—La toile tombe.

FIN.